TROUVER DIEU EN TOUTES CHOSES

Cardinal Jean-Claude Hollerich

Trouver Dieu en toutes choses

PLAIDOYER POUR LA RÉFORME DE L'ÉGLISE

Un entretien avec Alberto Ambrosio et Volker Resing
poursuivi par Antoine Bellier

Traduction de l'allemand
par Marie-Lys Wilwerth-Guitard

SALVATOR

Édition originale :
Kardinal Jean-Claude Hollerich, « *Was auf dem Spiel steht* ».
Die Zukunft des Christentums in einer säkularen Welt,
im Gespräch mit Alberto Ambrosio und Volker Resing

Traduction française :

Yves Briend Éditeur, SA
103 rue Notre-Dame-des-Champs F-75006 Paris
www.editions-salvator.com
contact@editions-salvator.com

Maquette intérieure : Atlant'Communication
Couverture : Le Petit Atelier

ISBN : 978-2-7067-2282-0

Avant-propos

TOUT le monde connaît la procession qui a lieu chaque année au printemps à Echternach : trois pas en avant, deux en arrière, c'est à ce rythme que le pèlerin avance traditionnellement dans cette ville de l'est du Luxembourg. Mais rares sont ceux qui savent qu'il s'agit là d'une légende. Les choses se passent en effet tout autrement : on ne marche pas, mais on danse d'un pied sur l'autre. On n'avance certes pas aussi rapidement que si l'on marchait ou courait, mais on progresse, tous ensemble, dans la joie et en communion. Parfois même, il arrive à la foule des pèlerins de sauter sur place… On reste néanmoins en mouvement et, dès que la voie se libère, on continue d'avancer vers la basilique, à travers la ville, ses maisons, ses commerces, ses bistrots, jusqu'au tombeau de saint Willibrord.

Depuis 2010, la procession dansante d'Echternach est inscrite au patrimoine culturel mondial immatériel de l'UNESCO. Et depuis 2011, Jean-Claude Hollerich, jésuite et professeur d'université, est archevêque de Luxembourg. Admirateur de Willibrord, réformateur des débuts du Moyen Âge, il pense que « l'Église, aujourd'hui encore, a besoin de bouger et de changer». Mais il lui faut aussi faire des pauses. «C'est une voie que nous devons suivre tous ensemble.» Et cette voie que l'Église doit emprunter n'est-elle pas une sorte de danse commune, de procession dansante? C'est ce qu'a voulu signifier l'archevêque dès la première année de son mandat épiscopal, en ne se contentant pas d'apparaître à la fin du cortège dans des ornements dorés et de bénir la foule, mais en faisant, en amont, tout le parcours de la procession, main dans la main et en rang avec d'autres pèlerins. Il nous avoua même qu'il y a beaucoup transpiré, le rythme du peuple de Dieu ne dépendant pas exclusivement de celui de l'évêque.

En 2019, le pape François l'a créé cardinal. Auparavant, il avait été élu président de la Commission des épiscopats de la communauté européenne. Lors des consultations à venir que mèneront les évêques sur la synodalité comme modèle futur de l'Église catholique, il aura une fonction clé, peut-être décisive: le pape François l'a en effet nommé rapporteur général. Ce qui signifie qu'à l'issue du synode, en 2023, c'est lui qui rédigera le rapport de synthèse contenant des recommandations. Comment l'Église catholique universelle va-t-elle se transformer? Que doit-elle préserver? Comment va-t-elle évoluer dans une Europe déchristianisée? C'est aussi à ces questions que le synode des évêques devra tenter de répondre. Et Mgr Hollerich également. La danse des pèlerins dans les rues d'Echternach ne pourrait-elle pas indiquer à l'Église universelle une bonne cadence sur la voie qu'elle doit emprunter ?

Mais qui donc est cet homme au service de l'avenir de l'Église, à un poste aussi décisif ? Qui est Jean-Claude Hollerich, comment raisonne-t-il, que croit-il ? Qui sont ceux qui importent à ses yeux ? Nous nous sommes entretenus durant des heures avec lui sur ces sujets. L'ouvrage né de nos échanges est un voyage passionnant à travers les étapes inhabituelles de la vie de l'homme, du prêtre, du théologien, de l'aumônier. Mais c'est aussi un voyage très surprenant à travers les réalités et les modes de vie infiniment divers du catholique en ce monde.

Le cardinal Hollerich a grandi à une époque où la pratique de la foi allait encore presque de soi. Pourtant, de premières fêlures ont fait leur apparition dans son enfance déjà. Sa famille était loin d'être aussi pieuse que d'autres, nombreuses encore après la guerre. Il découvre la foi par lui-même, commence par aimer la messe et s'enthousiasme pour le noyau intellectuel de la foi. Très tôt, il découvre Rome et devient jésuite. Il noue une amitié épistolaire avec Karl Rahner, qui le marque. Et puis arrive un tournant : il part comme missionnaire au Japon – et c'est un autre homme qui en reviendra. Aujourd'hui encore, son expérience asiatique, qui a laissé ses traces, est une dimension fascinante de sa catholicité. Ce qui caractérise sa spiritualité et son charisme vient peut-être de ce qu'il sait, lors de sa prédication et de sa mission, allier d'une part ce qui lui est très familier et, de l'autre, ce qui lui est étranger, mais le fascine et l'inspire. On perçoit toujours chez lui une piété qui vient d'ailleurs tout en étant profondément catholique, et d'un autre côté, son catholicisme est très enraciné localement, entre l'Allemagne et la France, entre la ville industrielle de Differdange et la ville fortifiée de Vianden.

Le dialogue avec la politique est essentiel pour Mgr Hollerich. Il veut faire entendre la voix de l'Église, mais il sait qu'elle ne trouve plus tout naturellement une oreille attentive. Lorsqu'en 2015 est intervenue au Luxembourg une plus grande séparation de l'État et de l'Église, entraînant pour cette dernière de douloureuses coupures financières, il n'a pas déploré ce processus, mais l'a plutôt considéré comme une chance que la communauté des fidèles devait saisir pour se défaire d'un comportement inadapté à notre époque et renoncer également à un confort de longue date.

Par sa fonction d'évêque européen, il se voit en outre comme un élément fédérateur à l'encontre du fossé qui se creuse de plus en plus entre l'Europe de l'Ouest et l'Europe de l'Est. Il encourage le dialogue en dépit des divergences. Le refuser est pour lui un danger. À l'Est comme à l'Ouest, sa mise en garde rencontre à la fois des approbations et des résistances. Là encore, la cadence de la procession dansante d'Echternach lui vient en aide : le changement ne peut intervenir que si l'on s'accorde sur un rythme commun.

Quiconque pénètre dans l'imposante résidence épiscopale de Luxembourg franchit une lourde porte en bronze qu'ouvre et ferme un bouton métallique massif représentant un serpent qui se mord la queue. L'ouroboros – tel est le nom de cet animal symbolique – déjà présent dans la mythologie égyptienne, est également connu dans la culture occidentale ainsi que dans le monde asiatique. Au-delà des diverses religions et cultures, il représente l'éternité. Quiconque rend visite au cardinal Hollerich a donc face à lui un homme qui vit dans l'ici et le maintenant, qui n'hésite pas à se faire conseiller par des jeunes des séries sur Netflix et à les regarder, mais qui possède également un sens profond de ce qui est éternel, immuable, et dont l'être humain ne peut disposer à sa guise. L'ouvrage que vous avez entre les mains présente un homme spirituel à la curiosité proprement intarissable, animé d'un grand amour du prochain, un penseur qui situe le christianisme dans le contexte du monde, et mû par le souci permanent d'œuvrer pour un renouvellement du christianisme en Europe. «*Annuntiate*!», telle est sa devise: «Annoncez l'Évangile!» – et c'est pour lui une tâche qui ne se réduit pas à des mots.

Nous remercions le cardinal Hollerich pour les heures qu'il nous a accordées, pour sa disponibilité et l'ouverture d'esprit dont il a fait preuve au cours de nos entretiens. Le livre, résultat des divers échanges que nous avons eus avec lui à la résidence épiscopale, n'aurait pu voir le jour sans le travail de médiation du professeur Jean Ehret, directeur de la Luxembourg School of Religion & Society et le soutien des collaborateurs et collaboratrices de la résidence épiscopale engagés dans le projet. Qu'ils en soient tous chaleureusement remerciés.

Nous vous souhaitons une lecture captivante !

Alberto AMBROSIO et Volker RESING

1

Le novice apprend à faire le ménage

ENFANCE ET JEUNESSE DANS UN ENVIRONNEMENT PRESQUE ENCORE CATHOLIQUE

Au vu de votre biographie, nous sommes tentés de vous poser ces questions : à quel moment êtes-vous vraiment devenu catholique ? Est-ce auprès de vos parents, ou bien plutôt au sein de la paroisse, ou à l'école ? Qu'est-ce qui vous a particulièrement marqué ?

La paroisse et l'école ont été pour moi des lieux déterminants. Mes parents n'étaient pas pratiquants. Ils n'avaient rien contre la foi et l'Église, c'est plutôt que cela ne les intéressait pas beaucoup. Ils nous envoyaient à la messe, ma sœur et moi, parce que c'était encore la coutume et qu'il fallait être dans le moule. Ma sœur s'y rendait à contrecœur, et aujourd'hui, elle ne pratique plus non plus. Mais moi, j'aimais bien, cela me plaisait. J'ai grandi dans une petite ville médiévale au nord du Luxembourg, et à l'époque, le catholicisme était encore dans l'air du temps.

Quelle a été l'influence de l'école?

À l'école primaire, je suivais les cours de religion. C'étaient ceux que je préférais. Le prêtre venait trois fois par semaine. Je considère que j'ai eu de la chance. En effet, lorsque j'entends parler aujourd'hui des abus sexuels ou de prêtres sévères au point de frapper des enfants, je suis horrifié. Je n'ai pas fait ce genre d'expériences. Je n'ai eu affaire qu'à de bons prêtres. Le curé-doyen était dur, c'est vrai, mais nous l'aimions, car sa rigueur n'allait pas sans sa bonté. Oui, il lui arrivait de balancer ses clés à travers la classe, mais les autres maîtres le faisaient aussi. Cela ne nous faisait pas vraiment peur.

Alors comment cela vous a-t-il conduit à vous tourner vers l'Église?

Quand j'étais enfant, c'est surtout la messe qui m'attirait. Avant de faire ma première communion, j'étais déjà enfant de chœur – une première étape vers la prêtrise. Lorsqu'on avait besoin de nous, les enfants de chœur, nous étions autorisés à ne pas aller à l'école. C'était tout à fait normal pour moi.

Y a-t-il eu un événement particulier?

Je me rappelle avoir fait une expérience spéciale à l'âge de 10 ans. C'était à l'occasion d'une journée de prière pour les enfants. En regardant l'ostensoir, je me suis senti envahi par l'amour de Dieu. C'est peut-être ce que l'on est en droit d'appeler une

« expérience de Dieu ». Et l'idée de devenir prêtre s'est ancrée en moi. Plus tard, je suis tombé amoureux, et cette idée m'a quitté pour quelques mois, mais elle est revenue avec plus de force encore.

Et comment vos parents ont-ils réagi ?

Ils se sont d'abord montrés très sceptiques. Mon père, qui travaillait dans l'industrie sidérurgique, s'est élevé à la force du poignet jusqu'à devenir chef de l'atelier de réparation des machines. L'Église et l'Université lui étaient étrangères. Dans la famille, ma sœur et moi sommes les premiers à avoir fait des études. Par la suite, je suis devenu séminariste pour le diocèse de Luxembourg. En 1978, lorsque notre évêque Jean Hengen m'a envoyé à Rome, au Pontificium Collegium Germanicum et Hungaricum, mes parents étaient on ne peut plus fiers.

Venant de votre province, comment avez-vous vécu votre séjour à Rome ?

Les premiers mois, je dois avouer que j'avais le mal du pays. Mais j'ai bientôt été fasciné par la ville et son caractère international. J'ai été élu représentant des étudiants et j'étais également secrétaire de l'association des étudiants. En parallèle, j'étudiais l'archéologie chrétienne. J'ai suivi avec enthousiasme les cours d'initiation et participé aux visites guidées dans la nécropole de la basilique Saint-Pierre. Nous avons visité aussi les catacombes païennes et juives qui, par les accords du Latran, sont également sous la souveraineté du Vatican. Je me rappelle que, pour y descendre, il fallait soulever une plaque d'égout dans la rue.

Mais vous n'êtes pas resté à Rome. Pourquoi?

Je m'y sentais très bien, mais il y avait à l'école une forme de carriérisme: les séminaristes se voyaient déjà tous évêques ou directeurs d'un séminaire, et à la longue, cette ambiance m'est devenue insupportable. Pendant les vacances, un bon ami, qui était suisse et étudiait également au Germanium, m'a écrit qu'il s'apprêtait à entrer chez les jésuites. J'ai commencé par essayer de l'en dissuader, mais je me suis rendu compte que c'est lui qui était sur le point de me convaincre. Et nous y sommes entrés tous les deux. Il a fait son noviciat à Innsbruck et, moi, je l'ai commencé en 1981 en Belgique. Et nous sommes tous deux encore en exercice.

Qu'ont dit alors vos parents?

Ils étaient bouleversés et ne savaient pas très bien ce que cela signifiait. Les mots «père» et «ordre» leur faisaient penser aux bénédictins de l'abbaye de Clervaux, et ils avaient du mal à m'imaginer dans la robe de bure. Comment peut-on quitter Rome pour faire son noviciat dans un trou perdu en Belgique? Voilà ce qu'ils se demandaient... Mais ils m'ont laissé la décision.

Avec du recul, comment décririez-vous le catholicisme de votre enfance et de votre jeunesse ?

Rétrospectivement, je me rends compte que c'était un monde dont la façade cachait déjà de nombreuses fissures. Mais à l'époque, la vie catholique me faisait du bien. Quand je devais servir la messe lors d'un enterrement ou participer à une procession d'action de grâces, j'étais dispensé de cours et, comme je l'ai dit plus haut, c'était pour moi tout à fait normal, bien que je ne sois pas dans une école catholique. Mais qui sait… Peut-être que pour d'autres ce n'était déjà plus normal.

Mais il y avait quand même, à Luxembourg, l'influence catholique d'un certain milieu qui n'existe plus aujourd'hui.

Il y avait encore çà et là des éléments de cet univers catholique qui m'ont marqué et que je porte en moi, mais qui ont évolué. Enfant de chœur, j'étais fier quand, lors de la procession du Saint-Sacrement, j'étais chargé de précéder l'ostensoir en portant la lanterne. Et elle était bien plus lourde qu'aujourd'hui ! Il me fallait une semaine pour récupérer tellement j'avais mal au dos, mais j'étais fier de mes douleurs. J'avais l'impression d'être tout près de Jésus. Je ressens aujourd'hui encore le même amour pour la solennité du Saint-Sacrement à la Fête-Dieu. Depuis quelque temps, lorsque, en tant qu'évêque, je célèbre une messe solennelle, mon dos me fait à nouveau souffrir. Bénir l'assemblée des fidèles en élevant l'évangéliaire est déjà fatigant. Je le fais cependant encore volontiers, mais le monde qui nous environne est bien différent aujourd'hui.

Pourquoi l'évêque Jean Hengen a-t-il eu l'idée de vous envoyer à Rome ?

Peut-être parce que j'avais de bonnes notes. Au lycée, j'ai redoublé une fois, mais après, j'étais toujours le meilleur de la classe, que ce soit en langues étrangères, en histoire, en sciences humaines. J'ai même remporté un concours de dissertation et gagné un voyage à Paris.

Si nous référons vos expériences à la situation actuelle de la formation des prêtres, qui inquiète beaucoup le pape François, quelles sont selon vous les difficultés ?

La formation des prêtres rencontre effectivement de graves problèmes. Les jeunes, par exemple, se concentrent trop sur la liturgie et sur une certaine vision de la prêtrise dont ils déduisent tout ce à quoi ils se sentent appelés. À mon avis, ce n'est pas assez. Il nous faut de nouveau comprendre le ministère sacerdotal en partant plus résolument de l'idée de service. Dans l'Église d'aujourd'hui, il y a certes le ministère traditionnel, consacré, qui doit être distingué des autres ministères, mais il doit être interprété dans le même cadre théologique qu'eux. Et bien que la direction d'une paroisse soit partie prenante du ministère consacré, sa fonction la plus importante est celle du service de la Parole, et il ne se réduit pas à la liturgie ! Seul celui qui subordonne sa fonction de direction au service de la Parole de Dieu peut vraiment diriger une paroisse. Sans quoi, il tombe dans le cléricalisme,

Que voulez-vous dire par le mot « service » ?

Le service va de pair avec l'amour. Je ne peux aimer le Christ sans aimer les hommes. Dès lors que j'aime Jésus, je dois aimer tous les hommes qui sont ses frères. Peu importe qu'ils me ressemblent ou qu'ils me soient indifférents : je dois être à leur service.

Revenons-en à Rome. Durant votre formation, entendiez-vous déjà des critiques à l'égard de l'Église ?

Il y en avait sans doute déjà, mais pas dans la province luxembourgeoise où s'imposait encore le milieu conservateur. Dans mon enfance, je servais la messe de saint Pie V, selon le rite tridentin, et j'ai été horrifié quand les choses ont changé alors que je venais d'apprendre les prières par cœur ! J'avais 15 ans quand l'autel sur lequel le prêtre célèbre l'Eucharistie face au peuple, a fait son apparition.

N'avez-vous pas vécu la période consécutive au Concile comme un renouveau ?

Si ! J'étais même très impatient. J'entendais dire que les choses changeaient partout à Luxembourg, mais chez nous, pas encore. J'étais très content quand est arrivé un nouveau curé qui m'a autorisé à préparer des offices pour la jeunesse et j'ai créé une association de jeunes. Je trouvais cette évolution captivante. À 16 ans, j'ai organisé des groupes de discussion sur la Bible. Je suis très reconnaissant à notre curé-doyen de m'avoir laissé les mains libres. À l'école, on nous enseignait encore le catéchisme. Mais nous avons tous été déconcertés de voir, quand le vicaire est arrivé, qu'il avait troqué la soutane contre le pantalon et le veston !

Quelle est au fond votre langue maternelle ?

Le luxembourgeois !

Et quel rôle joue la langue allemande ?

J'ai commencé l'apprentissage de l'allemand à l'école primaire, en première année, et le français a suivi. J'ai toujours eu des facilités avec les langues. Nous habitions tout près de la frontière avec l'Allemagne. À cette époque, il y avait encore des contrôles aux frontières, mais nous, les enfants, connaissions des chemins détournés et nous passions en Allemagne par la forêt.

Comment votre famille a-t-elle vécu la Seconde Guerre mondiale ?

Quand j'étais petit, les Allemands étaient les « putains de Prussiens » ! Le Luxembourg ayant été limitrophe de la Prusse, les Allemands étaient couramment appelés les Prussiens; mais à ce moment-là, je ne savais pas ce que signifiait le mot « putain » et je pensais qu'il était normal de les désigner ainsi. Certains membres de ma famille étaient engagés dans la résistance aux nazis. Les Allemands étaient les méchants, mais cela ne m'a pas empêché plus tard d'enseigner l'allemand à l'université Sophia de Tokyo. Pour mes étudiants, j'étais soudain devenu une sorte de représentant de l'Allemagne au Japon. C'est comme ça, l'histoire est étrange parfois. J'ai été pour un temps curé de la communauté allemande de Tokyo, puis membre de diverses associations estudiantines, notamment, au début, de l'association académique Edo-Rhenania de Tokyo. Tout cela me plaisait beaucoup. Aujourd'hui, je suis même aumônier de l'Association du cartel des associations étudiantes catholiques allemandes.

Quels sont les théologiens qui, à vos débuts, vous ont influencé ?

J'ai étudié très tôt déjà l'*Introduction au christianisme*, un ouvrage de Joseph Ratzinger qui m'a émerveillé. Et puis j'ai lu aussi le *Traité fondamental de la foi*, de Karl Rahner, mais je n'y ai pas compris grand-chose. Ce n'est que plus tard que Rahner est devenu mon théologien de prédilection.

Vous a-t-il été donné de le rencontrer personnellement ?

Oui, je l'ai bien connu. Il est venu un jour en visite au Germanicum et le hasard a voulu que nous soyons assis l'un à côté de l'autre au petit déjeuner. J'étais fasciné par sa simplicité. Parler avec lui ne présentait aucune difficulté. Pendant mon noviciat, nous nous sommes écrit. Il m'indiquait ce qu'il me fallait lire et je devais ensuite lui faire un rapport de lecture. Quand j'y repense, j'admire la patience d'ange dont il faisait preuve avec moi qui n'avais pas sa culture ! Mais il m'acceptait tel que j'étais.

Que vous a-t-il recommandé de lire ?

C'est étonnant et presque amusant qu'il m'ait conseillé la lecture en version originale des dogmaticiens néothomistes latins. C'était nécessaire pour moi qui voulais à l'époque devenir professeur de théologie dogmatique.

Pourquoi précisément la théologie dogmatique ?

Avant tout parce que l'histoire des dogmes me fascinait. Je trouvais extrêmement intéressante la manière dont la foi a été intégrée dans la culture du monde hellénistique. La richesse de cette théologie m'impressionne aujourd'hui encore. Nous sommes de nouveau à une époque de grand changement où l'inculturation est nécessaire.

Mais pourquoi cet intérêt pour les dogmes ? Quelle importance leur accordez-vous ?

Si j'avais pu décider moi-même, j'aurais aimé devenir spécialiste en théologie dogmatique. La question de l'*analogia entis*, l'analogie de l'être, m'a toujours intéressé : nous pouvons dire sur Dieu quelque chose de vrai, mais Dieu demeure néanmoins souverainement libre. Oui, il est toujours plus grand. L'évolution des dogmes me fascine. Le problème qui se pose aujourd'hui est que nous concevons le dogme comme un processus clos et ne voyons pas à quel point il est ouvert et a besoin de médiation. Je suis quant à moi profondément convaincu que la culture européenne dite « chrétienne » est un obstacle, car elle n'est chrétienne que sur le plan de la pensée, mais non sur celui de la foi. Le christianisme est condamné à disparaître si nous ne faisons que répéter ces formulations de la foi qui se veulent intouchables et définitives. Il nous faut au contraire intégrer une nouvelle façon de penser la foi au sein de la réalité vécue des hommes d'aujourd'hui, dans leur quête de Dieu. La théologie dans son ensemble est encore rédigée dans un langage et une pensée que les gens ne comprendront plus dans cent ans.

Dans cent ans, dites-vous ? Ne pensez-vous pas qu'ils ne le comprennent déjà plus aujourd'hui ?

Effectivement, et ils sont nombreux. Il nous faut apprendre dès maintenant à penser autrement. Nous devons certes ne pas être laxistes à l'égard de la tradition et la connaître parfaitement. Mais nous devons aussi emprunter courageusement de nouvelles voies. Cela, je l'ai appris de Rahner. En son temps, il critiquait par exemple le *Denzinger*, qui ne proposait qu'un choix des textes conciliaires. C'est ainsi que l'on faisait jadis de la théologie. Aujourd'hui, il nous faut en considérer à nouveau toute la richesse.

De quoi discutiez-vous avec Rahner ? Vous rappelez-vous encore ce qu'il vous écrivait ?

Nous parlions par exemple de la dévotion au Sacré-Cœur de Jésus. À l'époque, je trouvais cela rébarbatif, mais Rahner m'expliquait que cette dévotion a un sens profond. Ce n'est que beaucoup, beaucoup plus tard que j'ai consacré la congrégation des jésuites du Japon au Sacré-Cœur de Jésus.

Lisiez-vous aussi des ouvrages de littérature ?

J'ai lu une foule de romans. Dès l'âge de 16 ans. J'ignore si je comprenais tout à l'époque, mais j'ai dévoré Dostoïevski.

Perceviez-vous déjà pendant vos études une certaine distance entre la théologie et le monde moderne ?

Je ne l'ai remarquée que progressivement. À ce moment-là, la théologie et mon monde ne faisaient qu'un. Le monde des séminaristes peut être très étroit.

Cette étroitesse dont vous parlez, l'avez-vous également ressentie à Rome ?

De fait, au Germanicum, j'étais un mauvais élève. Je séchais parfois les cours parce que je m'y ennuyais. Je me procurais les polycopiés et, finalement, je m'en suis très bien tiré. Les exercices spirituels des jésuites m'importaient davantage et je me sentais chez moi au sein de la Communauté de vie chrétienne (CVX). J'avais créé de petits groupes et j'en étais le responsable à Rome. J'éditais en outre, dans la revue de la Communauté mondiale de vie chrétienne, un supplément réservé à la jeunesse. Comme nous n'avions pas cours le jeudi, je travaillais au secrétariat de la CVX qui se trouvait dans le collège des jésuites. Et ce ne sont pas eux qui eurent sur moi la plus forte influence, mais une femme, une Française, la secrétaire générale de la CVX. La manière conséquente dont elle vivait sa foi m'impressionnait au plus haut point. Nous l'avions surnommée « mère générale », en allusion gentiment ironique au « père général » des jésuites.

Quarante ans ont passé. Si vous portez votre regard vers cette période, votre foi était-elle alors la même que celle d'aujourd'hui ?

Non. Depuis mon noviciat, elle s'est beaucoup affermie. Nous avions un excellent maître des novices. Pour preuve : nous devions suivre un cours de théologie sur l'Eucharistie. Ce cours, je le trouvais nul. J'aurais pu moi-même en faire un meilleur à cette époque. J'étais très en colère et je suis allé trouver le maître des novices – ce qui était à proprement parler impensable, puisqu'il était le chef. Il me connaissait bien et savait que je ne serais pas à court d'arguments pour le contredire, et il savait aussi que sur ce point précis, je ne me trompais pas. « Tu as raison, me dit-il. Je te dispense de ce cours. Le frère responsable des malades part en congé pour deux semaines, tu vas le remplacer. » Et m'occuper des pères malades m'a appris sur l'Eucharistie beaucoup plus que n'importe quel cours. C'était très dur, mais j'étais à bonne école. Le maître des novices m'avait donné raison et confié une tâche qui, en me demandant de l'humilité, affermissait ma foi.

Que nous apprend votre expérience personnelle sur la manière dont nous devons transmettre l'Évangile aujourd'hui ?

Il nous faut apprendre que l'Évangile doit être constamment interprété en fonction de nos propres expériences et qu'il doit en résulter de nouveaux récits. L'exégèse scientifique a montré que ce que nous nommons parole de Dieu a été élaboré par une communauté qui avait recours à des modèles narratifs bien précis. Cette idée peut nous aider à comprendre aujourd'hui le sens de la foi. Je ne suis pas prophète et ne peux donc pas dire comment il faut faire exactement, mais je vois en même temps les limites du système que nous avons suivi jusqu'aujourd'hui et qui a des difficultés à formuler la foi de manière inédite. Au Moyen Âge, la plupart des croyants étaient illettrés et la foi leur était pourtant transmise. Il n'est que de consulter l'évangéliaire de l'abbaye d'Echternach pour comprendre que la transmission de la foi dépasse la parole écrite.

Quel est le rapport fondamental entre l'expérience de la vie et la foi chrétienne ?

Nous devons comprendre que l'expérience de la vie et la foi chrétienne ne font qu'un. Je prie en m'inspirant des *Exercices spirituels* proposés par Ignace : je choisis une scène de l'Évangile et je me vois y jouer un rôle. J'en tire alors un bénéfice spirituel, pour le dire dans un langage traditionnel. Et dans la prière en général, il ne s'agit pas de répéter des formules, mais de se projeter dans une situation similaire.

Mais l'histoire parle également de rigueur et de discipline.

Oui, notre noviciat était très dur. Lorsque j'en parlais à mes confrères allemands, ils me demandaient immanquablement : « Mais quand as-tu fait ton noviciat ? En 1720 ? »

Comment se déroulait une journée ?

Le matin, on se levait tôt. Il y avait la messe, puis la prière dans la chambre, et le petit déjeuner en silence. Le soir, après le dîner, promenade d'une demi-heure, puis silence. Nous devions accomplir chaque jour un travail physique de deux heures, notamment dans une ferme attenante. Mais n'y connaissant rien, je n'étais d'aucune utilité. Le frère responsable a alors demandé que l'on ne m'envoie plus à la ferme et j'ai été chargé du nettoyage des toilettes de toute la maison des novices. J'ai appris et, depuis, je suis un vrai pro du ménage.

Vous nous avez parlé des premières années de votre vie spirituelle. La foi découle-t-elle plus de l'expérience ou d'une décision ?

La foi est une décision qui découle de l'expérience. La spiritualité ignacienne est une spiritualité des décisions. Ignace évoque toujours l'« intention droite » : pour prendre une décision, il faut que l'intention soit droite, autrement dit bonne.

Vous avez dû prendre ensuite une grave décision : le Japon. Comment cela s'est-il passé ?

Mon ami Stephan Rothlin, qui se trouvait à Innsbruck, m'a envoyé une lettre dans laquelle il m'informait de la visite d'un père de la province jésuite du Japon. Il faisait de la publicité pour ce pays, car on recherchait de jeunes jésuites pour l'Asie. En lisant : « J'ai tout de suite pensé à toi », je me suis dit que Stephan était complètement fou et qu'il n'avait qu'à y aller, lui. Mais à partir de ce moment, le Japon n'a cessé de me trotter dans la tête. Et j'ai été si intimement persuadé que je suis allé voir le maître des novices et lui ai dit que je voulais y partir. Il m'a répondu en soupirant que les choses ne pouvaient pas aller aussi vite. Alors j'ai écrit à Rome, mais de Rome, je n'ai reçu qu'une réponse censée m'apaiser. Je devais laisser mon désir croître au fond de moi et commencer par faire mon stage pastoral à Luxembourg. J'étais un peu déçu. J'aurais volontiers poursuivi mes études de théologie. Mais les jésuites belges n'étaient apparemment pas très portés à laisser les novices étudier la théologie.

Que s'est-il passé alors ?

En 1983, j'ai été envoyé dans une école de filles pour y donner des cours de religion.

N'était-ce pas dangereux d'envoyer un religieux qui n'était pas encore ordonné dans une école de filles ?

Non (*il rit*), ce n'était pas dangereux et j'en ai gardé un très bon souvenir. Certes, au début, le jeune homme que j'étais avait peur de se retrouver face à des jeunes filles de 18 ans. Mais tout s'est bien passé. Il m'arrivait de faire des spaghettis et les filles venaient avec leurs amis – et parfois un dessert.

2

Le sourire de Bouddha

LE JAPON ET LE VASTE MONDE DES RELIGIONS

Comment l'idée du Japon a-t-elle fait son chemin ?

Un jour, je suis allé trouver le provincial, qui m'a dit : « Oublie le Japon. Ton avenir est au Luxembourg. J'aimerais d'ailleurs que tu deviennes guide spirituel pour les prêtres et les séminaristes. » J'ai senti qu'il m'imposait ainsi une énorme charge. En sainte obéissance, je voulais l'accepter, mais je ne parvenais pas à me sortir le Japon de la tête. J'ai pris mon courage à deux mains et j'ai écrit au supérieur général Peter-Hans Kolvenbach : « Le provincial souhaite me maintenir au Luxembourg, mais je pense que Dieu m'appelle au Japon. » Il me répondit que rien n'était décidé et que je devais, en tout état de cause, effectuer une seconde année à Luxembourg. Après, ce fut le silence et je me suis dit qu'il m'avait oublié. Mais en juillet 1985, coup de tonnerre ! J'étais informé par lettre que mes cours de japonais commençaient le 1er septembre.

Ce départ au Japon n'a-t-il pas été un nouveau choc pour vos parents ?

Si ! Quand je suis entré chez les jésuites, ma mère a réagi en me disant : « Et après, tu seras missionnaire ! » Et je lui ai répondu qu'elle pouvait être tranquille, que ce n'était pas mon objectif. Et voilà que deux ans plus tard, je m'envolais pour Tokyo. Je n'avais jusqu'alors pas été plus loin que Rome, et maintenant, d'Amsterdam, j'allais partir à l'autre bout du monde. Mes parents, de nombreux amis et des jésuites m'ont accompagné à l'aéroport. J'avais droit à vingt kilos de bagages, pas plus. Vingt kilos, c'est peu. Alors j'avais mis un manteau et, pour pouvoir emporter un maximum de livres, j'en avais glissé dans toutes les poches. À l'aéroport, on me regardait comme un extraterrestre, car il faisait très chaud ce jour-là.

Était-ce un vol direct ?

Non. Je suis passé par Bangkok pour gagner les Philippines où un jésuite que je connaissais travaillait dans un camp de réfugiés. J'y suis resté une semaine, puis j'ai regagné Bangkok, d'où j'ai réussi à prendre un avion pour Tokyo. J'étais complètement perdu. Je cherchais désespérément sur le tableau d'affichage les vols pour Tokyo, sans savoir que le nom de l'aéroport international de cette ville était Narita. J'ai donc dû me renseigner dans un très mauvais anglais et, là encore, les gens ont dû me prendre pour un cinglé avec mon manteau long rempli de livres…

Quels livres aviez-vous emportés ?

Des romans, mais aussi le *Traité fondamental de la foi* de Karl Rahner. À Tokyo, un confrère m'attendait. Il fallait presque quatre heures de voiture pour gagner notre maison. Tout m'était étranger. Je ne pouvais déchiffrer aucun panneau, je ne comprenais rien. Et nous traversions une ville après l'autre. Que des villes ! Nous logions dans une grande maison et nous étions six à commencer l'apprentissage du japonais – un groupe très hétérogène. Nous étions tous jésuites, mais il était clair que nous étions marqués par des influences très diverses. Il y avait un Français, un Indien de l'État de Kerala – dans un premier temps son anglais était incompréhensible pour moi ! – et deux Argentins. L'un était de père turc, de mère polonaise, et il avait grandi au Canada avant d'entrer chez les jésuites dans une province italienne.

Comment vous êtes-vous senti au début au Japon ?

J'étais toujours gêné pendant les repas. Souvent, j'avais peur que l'on s'adresse à moi alors que je n'avais pas compris ce qui s'était dit. Au début, je me suis senti terriblement seul. Mais j'ai pensé qu'il avait dû en être de même pour François Xavier, alors j'ai demandé au Seigneur de m'indiquer où il était présent au Japon. Il est clair que je ne pouvais pas dire tout simplement : « Maintenant, je vais vous annoncer l'Évangile. » Dieu est également présent dans la culture japonaise, et je voulais commencer par le découvrir.

Le milieu des jésuites vous était-il au moins familier ?

Non, ce fut difficile. Je suis issu d'un catholicisme luxembourgeois désuet, de la petite localité de Vianden. J'étais habitué à une piété marquée par des processions, des prières, des cantiques, et tout cela avait subitement disparu. J'avais l'impression d'être dépouillé de ma foi. Il me fallait faire un choix : ou bien je retournais en Europe, ou bien je plongeais et m'engageais en terre inconnue, mais dans la foi en Dieu. Et c'est ce que j'ai fait.

Avez-vous été inspiré par quelqu'un pour oser franchir le pas ou bien avez-vous eu le sentiment que c'était pour vous la seule voie à suivre ?

C'était pour moi la seule possibilité. Au début, tout m'a semblé passablement ennuyeux, tellement différent de la vie religieuse que j'avais connue en Europe. À l'époque, j'étais confronté à un style de vie très rigide qui ne m'inspirait pas confiance. Lorsque je voulais acheter un livre, par exemple, le frère responsable des affaires matérielles me demandait le prix de l'ouvrage. Je me rendais donc à la librairie pour me renseigner : 768 yens. Le frère me donnait alors la somme exacte, pas un yen de plus, pas un de moins, et je devais lui rapporter la facture. Et quand nous voulions sortir le soir, nous devions demander la permission au supérieur. À cette époque-là, je pensais vraiment que je ne tiendrais pas le coup dans une ambiance aussi étriquée. Je n'ai été traité ainsi que pendant mon noviciat.

C'était donc beaucoup plus strict que ce que vous aviez connu jusque-là.

Oh oui, beaucoup plus!

Pourquoi cette rigueur dans la communauté installée au Japon?

Autant que je sache, la communauté n'avait pas changé depuis sa création. Nous avons été répartis en petits groupes: les philosophes, les théologiens et ceux qui apprenaient le japonais. Tout était en japonais, même la messe quotidienne. À cela s'ajoutaient les divers accents des étrangers qui étaient hébergés dans notre maison. Lorsque les Américains ou les Argentins de notre communauté parlaient japonais, je ne comprenais plus rien. En fait, nous n'étions pas une communauté au sens propre du terme et nous ne bénéficiions pas d'une nourriture spirituelle pour alimenter notre foi. Chacun devait se débrouiller tout seul.

Le père Adolfo Nicolás, qui est devenu plus tard supérieur général de la Compagnie, n'était-il pas lui aussi au Japon à cette même époque?

Si, et c'était même mon professeur. Il enseignait la théologie des sacrements. « Ne venez pas à mes cours, m'a-t-il dit en tout premier lieu; retrouvez-moi dans mon bureau. » Il y avait trois piles de livres: « Ça, c'est la théologie allemande des sacrements; ça, la théologie française des sacrements;

et ça, la théologie américaine des sacrements. Lisez-les, et après, nous en reparlerons. » J'étais on ne peut plus heureux. Je me sentais conforté car cela satisfaisait ma curiosité intellectuelle. Depuis mon séjour à Rome, je connaissais bien sûr la théologie allemande, mais je n'avais aucune idée de l'importance de la dimension symbolique dans la théologie française ou de la pragmatique dans la théologie américaine. Tout cela était nouveau pour moi et je crois avoir tiré profit d'avoir la possibilité de penser au-delà d'un seul et unique système.

Qu'avez-vous découvert au Japon à ce moment-là ?

J'ai commencé par découvrir Dieu dans la beauté des temples. Le sourire de Bouddha me fascinait. Un authentique sourire de paix. Mais lorsque j'ai su parler le japonais, j'ai découvert naturellement aussi la culture japonaise postmoderne. Je passais toujours beaucoup de temps avec les étudiants qui ignoraient tout du bouddhisme. Le Japon est infiniment plus sécularisé que l'Europe.

Vous vous êtes beaucoup intéressé au bouddhisme. Au shintoïsme aussi ?

Moins, mais ses rites me captivaient. Lorsque l'on visite le grand sanctuaire shinto et que c'est l'heure de la prière, on entend déjà du dehors résonner les tambours. L'atmosphère est très mystique. Mais pour moi, l'harmonie parfaite, c'est la beauté du grand Bouddha. Il repose en lui-même et il rayonne d'une paix immense. En le voyant, je me suis dit que Dieu était présent.

Dans le bouddhisme ?

Oui !

Était-ce difficile pour vous de concevoir cette pensée ?

Non. J'avais beaucoup lu sur le Japon, des pavés qui me passionnaient. Je savais donc ce qu'était le bouddhisme japonais ; mais alors que j'étais confronté à la réalité, j'ai constaté qu'aujourd'hui la plupart des Japonais ne connaissent plus rien du bouddhisme. Mais il fait partie de leur culture. Quand on annonce la mort de quelqu'un, par exemple, on utilise une formule archaïque : il est devenu un Bouddha.

Vous étiez étudiant quand vous vous êtes rendu pour la première fois au Japon. Plus tard, vous étiez professeur à l'université catholique Sophia de Tokyo. Pourquoi y a-t-il une université catholique à Tokyo ?

L'université Sophia a été fondée à la demande du pape Pie X, et c'est resté une petite université jusqu'à la Seconde Guerre mondiale. Au début, elle comprenait une université pour les hommes, qui étaient sous la responsabilité des jésuites, et une pour les femmes qui, elles, étaient sous la responsabilité des sœurs du Sacré-Cœur. C'est dans cette université qu'a étudié l'impératrice Michiko[1]. Par la suite, l'université s'est beaucoup agrandie, elle n'est plus réservée aux seuls catholiques. Il n'y en aurait d'ailleurs pas assez au Japon pour la peupler. Mais catholique, elle l'est restée et tous les Japonais sont fiers d'étudier dans une institution catholique.

Quelle signification le Japon a-t-il pour vous ?

Pour moi, comme je l'ai souvent dit, le Japon incarne une autre modernité. Au premier abord, parce que les gens sont habillés comme nous, par exemple, on pense que tout est pareil. Mais plus on y séjourne et plus on s'aperçoit que tout est différent. C'est comme si on regardait à travers un prisme. Le Japon porte sur le monde un regard différent du nôtre.

Dans votre vie quotidienne d'évêque, et maintenant de cardinal, ce trésor d'expériences que vous avez constitué vous sert-il ?

Je crois, oui. Je suis un évêque qui vient du Japon, et je pense que les Luxembourgeois sont nombreux à ne pas l'avoir encore bien compris. Lorsque je suis revenu, j'avais changé. Je ne suis pas simplement rentré dans mon pays. Je pense que les expériences que j'ai faites m'ont permis de

1. L'impératrice Michiko est sortie diplômée *summa cum laude* de la faculté de littérature de l'université catholique du Sacré-Cœur en 1957 (NdT).

penser et de juger autrement. Je ne dis pas qu'il faut avoir vécu au Japon pour être évêque, mais cela m'aide beaucoup. Concrètement, il m'arrive d'avoir les réflexes que j'avais quand j'étais là-bas. J'ai par exemple beaucoup de mal à dire non, et il m'est parfois encore difficile aussi d'accepter la manière abrupte dont les Européens formulent les choses.

Au Japon, qu'associe-t-on au catholicisme?

En réalité, également une certaine modernité.

Qu'est-ce que les Japonais entendent par modernité du catholicisme?

Par exemple, qu'un mariage devrait être fondé sur l'amour. Nous avons procédé à de nombreuses unions dans la chapelle de notre université. Il y avait à mes cours beaucoup de jeunes gens et de jeunes filles qui voulaient se marier, si bien que je célébrais un ou deux mariages presque chaque fin de semaine. Comme nous étions autorisés au Japon à unir même des non-catholiques à l'église, nous étions très sollicités.

Mais un mariage d'amour ne relève-t-il pas du bon sens dans ce pays que vous avez dit très sécularisé?

Non, absolument pas. Ce sont les intérêts qui prédominent et ils doivent être comparables dans les deux familles. On doit être issu du même milieu social et le futur mari doit gagner sa vie. Les familles doivent peut-être même donner leur accord.

Qui est vraiment admis à étudier à l'université Sophia ?

En principe tous ceux qui ont réussi l'examen d'entrée, comme partout ailleurs dans le pays. Il faut poser sa candidature pour chaque matière et il y a tellement de candidats que les examens durent une semaine entière. Tout doit marcher comme sur des roulettes et c'est très stressant. Aujourd'hui, l'université Sophia compte treize mille étudiants, dont la moitié sont admis sur recommandation, car quelques écoles ont le droit et le devoir d'y envoyer un élève ayant une bonne moyenne à l'issue de sa scolarité.

L'Église est-elle responsable de cette université? Ou bien l'ordre des Jésuites?

Ni l'une ni l'autre. L'université se finance elle-même.

Alors comment la dimension catholique est-elle assurée? Certainement pas en n'engageant que des professeurs catholiques?

Non, c'est impossible. Où trouverait-on d'ailleurs autant de professeurs catholiques? Nous voulons que les postes soient occupés par les meilleurs. Alors entre un professeur catholique médiocre et un non-catholique très compétent, nous donnons la préférence au second. Ce sont les facultés et les départements qui font leur choix. Mais il y a un centre catholique, dont j'ai été recteur durant quelques années. Nous y proposons des cours sur la foi catholique pour tous les nouveaux enseignants, et les employés de l'université peuvent également y suivre une formation. Dans leur cursus général, les étudiants ont l'obligation de suivre un cours sur l'anthropologie chrétienne, ou d'introduction à la Bible, lequel suscite pas mal d'intérêt. Par ailleurs, l'université Sophia est connue pour accueillir de nombreuses étudiantes très brillantes. Les femmes y sont plus nombreuses que les hommes.

Concernant l'égalité des droits de la femme, la société japonaise en est-elle au même point que la société européenne ?

Oh non ! Les Japonaises ont beaucoup moins de droits que les Européennes, surtout en politique ; mais il en va autrement dans le domaine académique. Actuellement, Tokyo a tout de même au poste de gouverneur une femme qui a fait ses études dans notre université. Nous sommes connus pour le respect des droits de la femme ; ce que les Japonais associent également au catholicisme. Nombreux sont ceux qui s'en étonnent en Europe.

Comment avez-vous abordé la différence culturelle entre l'Europe et le Japon ?

Durant mon séjour au Japon, j'ai organisé beaucoup de voyages avec mes étudiants. Les voyages créent des liens et sont plus instructifs que les cours magistraux. J'ai commencé par les emmener en Europe. Six semaines chaque fois. Mais voir toujours la tour Eiffel et visiter toujours les mêmes sites, cela m'a vite lassé. Au début, il fallait que les voyages soient organisés par un professeur pour que les filles aient la permission de leurs parents. Mais par la suite, les choses ont changé ; elles pouvaient se rendre à deux ou à trois en Europe, ce qui n'était pas mal non plus. Après l'Europe, j'ai pensé organiser des séjours qui aideraient mes étudiants dans leur parcours de vie. Je les ai alors invités à participer à des voyages en Thaïlande. Quelques jours à Bangkok pour commencer, puis vers le nord. Nous avons pris le train de nuit pour Chiang Mai, d'où nous avons gagné Mae Hong Son : une journée de route montagneuse au cours de laquelle il n'est pas rare de rencontrer un buffle. Une véritable expédition. Il y a des avions, bien sûr, mais le mauvais temps les cloue au sol et c'était presque toujours le cas.

Qu'est-ce qui pousse un jésuite luxembourgeois à voyager en Thaïlande avec ses étudiants japonais ?

La sécularisation, justement. C'était incroyable ! Quand je pénétrais dans un temple avec mes étudiants et qu'ils me demandaient ce qu'était le bouddhisme, je leur répondais: « Mais c'est à vous que je devrais le demander! Vous êtes bouddhistes, du moins officiellement; pas moi! » Et nous en venions alors à parler religion. C'étaient de très beaux moments.

Comment le catholicisme est-il perçu ?

Bien qu'ils représentent une infime minorité, les catholiques ont droit à la considération et au respect. Des Japonais non catholiques nous ont aidés à construire une crèche à Noël ou ont tout simplement donné un coup de main dans la communauté. Mais j'ai surtout remarqué qu'ils ne voyaient pas en moi que le prêtre catholique qui leur était étranger. J'en veux pour preuve cet exemple: le temple Shaolin est célèbre pour son association aux arts martiaux chinois. Bien que je ne sois pas du tout sportif, ils m'ont demandé si je voulais bien être leur accompagnateur. Ils attendaient plutôt de moi, prêtre catholique, que je leur explique la quintessence de leur sport. Et ce fut pour moi une tâche merveilleuse que leur transmettre ce que ce sport leur permettait d'accomplir.

Et quelle est la quintessence du shaolin ?

Le lutteur *shaolin* fait corps avec le mouvement et dès lors que l'on fait corps avec le mouvement, on est lié à tout. C'est un état qui conduit au *satori*, c'est-à-dire à une sorte d'éveil spirituel:

la prise de conscience du fondement originaire global de toute existence. C'est le cœur même du bouddhisme.

C'est-à-dire que lorsque vous étiez au Japon, vous avez appris, ou même enseigné, que les religions sont liées entre elles davantage que les divers courants du monde séculier ?

Oh oui ! J'en ai été progressivement et de plus en plus convaincu. L'univers bouddhiste m'a fasciné dès mes premières années au Japon. Quand le cardinal Paul Poupard, président du Conseil pontifical pour la culture, nous a rendu visite, chargé de remettre une lettre du pape à l'abbé du temple bouddhiste Mii-dera, je lui ai servi de guide et de traducteur. J'étais donc présent lorsqu'il a rencontré le chef de l'école Tendai. J'ai été au plus haut point impressionné. Cette ancienne religion bouddhiste (au Japon, on parle plutôt de secte) n'est pas très répandue, mais elle jouit d'une grande considération parce qu'elle est à la source de la plupart des autres courants bouddhistes. Les moines disposent d'une grande salle, dans laquelle ils en commémorent les nombreux courants dérivés, et sont très fiers des personnalités qui, après avoir suivi l'école Tendai, ont fondé une autre variante du bouddhisme. C'est comme si on installait dans le hall d'entrée de la basilique Saint-Pierre des statues de Luther, Calvin et Zwingli.

Comment avez-vous vécu cette rencontre avec le chef des moines Tendai ?

Il m'a beaucoup impressionné. Il rayonnait d'une paix qui m'a ému. On sent immédiatement que l'on ne fait qu'un avec lui. C'est quelque chose que l'on peut difficilement expliquer. Et c'est un sentiment d'union qui est ressenti des deux côtés.

De quoi peut-on parler lors d'une telle rencontre? Il n'y a pas de représentation de Dieu dans le bouddhisme, n'est-ce pas ?

Je suis tenté de dire oui et non. Je crois qu'il y en a une. C'est une sorte de *theologia negativa*. Le *wu* (néant) et le *ku* (vide, vacuité) du bouddhisme sont en vérité très proches de notre conception de Dieu. Le « rien » du néant n'est pas celui du néant au sens européen du terme. Pour reprendre la dialectique hégélienne, c'est un dépassement de l'être et du non-être.

Alors quel regard devons-nous porter sur le bouddhisme ?

Le comparer au christianisme peut de fait induire en erreur. Bien que j'aie par ailleurs beaucoup de respect pour sa théologie, je n'étais pas d'accord avec Hans Küng lorsqu'il a mis christianisme et bouddhisme en parallèle. Il est resté beaucoup trop superficiel en ce qui concerne le bouddhisme. Il le lit pour ainsi dire avec ses yeux de Suisse en ne tenant pas suffisamment compte de la spécificité des conceptions bouddhistes. Si l'on interprète l'Autre – à savoir ici le bouddhisme – en ayant recours à des concepts chrétiens, on risque au fond d'en faire un usage abusif. Il est beaucoup plus difficile, mais absolument nécessaire, de commencer par comprendre l'Autre à partir de lui-même : la miséricorde de Bouddha par exemple est comme une loi de la nature. Le Bouddha ne peut qu'être miséricordieux.

N'est-ce pas là une décision volontaire de faire œuvre de miséricorde ?

Non, il n'y est pas question de volonté, ni de liberté au sens où nous l'entendons.

Nous, les chrétiens, ne pensons-nous pas, avec un rien d'arrogance, que le bouddhisme ne connaît pas l'homme libre ?

Si certains bouddhistes modernes tentent de faire évoluer la pensée, ils ont au fond le même problème que nous : le monde qui a connu la naissance du bouddhisme n'existe plus. Eux aussi doivent redécouvrir et exprimer la pensée bouddhiste d'une manière adaptée à notre époque. C'est un énorme défi pour tous.

Qu'en est-il des pratiques religieuses asiatiques qui ont été importées en Europe ?

Elles ne sont certes pas un problème, mais il faut avancer prudemment. À mon avis, la plupart des gens qui les pratiquent en Europe ne connaissent pas leur signification et n'ont pas la moindre idée de la discipline qu'elles requièrent. Le parcours est long. J'ai moi-même pratiqué le bouddhisme zen et participé à une *sesshin* – comme on appelle les retraites de méditation. Il m'était très difficile de rester six heures par jour en position assise. Je ne pouvais le supporter qu'en restant assis sur une jambe croisée. Lorsque le maître, le père Kadowaki, sonnait, tous se levaient pour bouger, sauf moi : mes jambes étaient complètement engourdies. Il me fallait attendre que le sang y circule à nouveau. Cette expérience m'a été très utile. C'était pour moi le seul moyen de me vider la tête, et c'est important. Les adeptes du bouddhisme zen connaissent bien cet adage : « Si en chemin tu rencontres le Bouddha, tue-le ! » Cela signifie que le vécu religieux peut nous empêcher d'avancer dans la religion. Et c'est exactement ce que j'ai appris en observant nombre de ces religions. Si tu pratiques vraiment le bouddhisme zen, tu t'unis à Bouddha en allant vers le néant : car Bouddha n'existe pas. Tu t'unis donc à lui et tu accèdes à « l'éveil » sans que ce que tu fais soit dirigé contre Bouddha. Mais le Bouddha que tu te représentes t'empêche de t'approcher du vrai Bouddha. Et c'est ainsi également que la religion telle que je me la représente, la religion imaginée et conçue rationnellement, m'empêche de m'approcher de la source de vie, de Dieu.

Le père Kadowaki était un vrai maître zen, mais je crois, en revanche, qu'à un certain moment, son maître ne l'a plus considéré comme tel, car selon lui un chrétien ne peut connaître l'éveil. L'objectif du bouddhisme est de te faire prendre conscience que tu n'existes pas et que, par conséquent, tous tes problèmes sont résolus, puisque ce ne sont que des illusions qui te portent à croire que tu existes. Je crois, pour ma part, que l'éveil des chrétiens relève de l'expérience qu'ils font avec le Christ. Le père William Johnston a longtemps été mon père spirituel. Sans discuter avec moi du bouddhisme zen, il me disait : « Assieds-toi, mets les techniques en pratique et observe ce qui se passe. » En cela, il était bien plus ouvert, plus « oriental » pourrait-on dire.

Quelles techniques orientales pourrions-nous reprendre, nous les catholiques ?

Certaines techniques de méditation développées en Orient peuvent être une aide à la prière chrétienne. Approcher une autre religion me fascine toujours et m'enrichit. Je porte un regard sur l'homme et le chrétien que je suis. En fin de compte, le dialogue interreligieux m'aide à être chrétien dans le monde d'aujourd'hui. Je n'ai jamais cherché à devenir bouddhiste ou musulman, par exemple ; je me sens très bien comme je suis ; je ne pourrais même pas me convertir au protestantisme. Je suis catholique corps et âme. Devenir autre, ce serait me renier moi-même et toute mon histoire. Mais cela ne m'empêche pas de toujours trouver enrichissante la rencontre de sœurs et de frères animés d'une autre foi. Cela me permet d'être plus authentique dans mes aspirations. Notre théologie des religions devrait davantage en tenir compte. Les théologies des religions s'affichent trop comme le reflet d'un « monde chrétien » ou d'un « monde bouddhiste ». Or, en tant que tels, ces mondes n'existent plus ! Il nous faut donc commencer par nous mettre en quête d'une théologie authentique des religions.

Comment alors peut-on décrire le catholicisme au Japon ?

Le petit groupe que constituent les catholiques au Japon est très respecté. D'un point de vue sociologique, il existe deux formes de catholicisme : celui de Nagasaki, adopté par le simple quidam, et celui de Tokyo, qui rassemble plutôt des érudits, donc des gens faisant partie de la haute société.

L'écrivain japonais Endō Shūsaku, qui est mort en 1996, était un catholique également très considéré. En quoi son catholicisme se distinguait-il ?

Le catholicisme étant, comme je l'ai dit, une minorité au Japon, Endō a certainement eu parfois du mal à confier à ses amis qu'il était catholique – sauf à la fin de sa vie. Son catholicisme était en fin de compte très personnel. Les catholiques de Nagasaki, les fils des « chrétiens cachés » qui étaient persécutés, n'apprécient pas Endō justement à cause de sa liberté dans la manière d'aborder l'identité catholique.

Un catholique comme lui est-il donc considéré comme un traître par certains ?

Oui, car le christianisme d'Endō repose sur une conscience de soi à forte connotation individuelle. À Nagasaki, au contraire, le catholicisme est plus traditionnel ; il s'agit d'un christianisme plus replié sur lui-même. Je me rappelle que jeune jésuite, je me suis trouvé à Nagasaki pour remplacer un prêtre jésuite mexicain qui dirigeait une sorte d'auberge de jeunesse et était retourné pour un mois dans son pays natal. Quatre-vingts enfants, tous catholiques bien sûr, assistaient à la messe quotidienne de 7 heures du matin. À Nagasaki, les catholiques et les prêtres pensent être les héritiers du véritable catholicisme et considèrent Tokyo comme un peu trop « ouvert ».

Comment ce catholicisme agit-il aujourd'hui sur la société japonaise ? Comment puis-je me le représenter au sein d'une société si sécularisée ? Est-il considéré comme se détournant de la société japonaise moderne ?

Non, il est même plutôt plus compatible que les autres religions avec la société moderne.

Pouvez-vous nous donner un exemple ?

Les femmes ont conscience que le catholicisme les respecte bien davantage que les religions traditionnelles. C'est stupéfiant lorsque l'on suit les débats qui ont cours en Europe. Au début, il y avait également des prêtresses dans le shintoïsme, et même une déesse. Mais avec le bouddhisme, la femme a été écartée. Les impératrices ont disparu elles aussi. Selon l'hindouisme et le bouddhisme traditionnels, la femme est réincarnée inférieure à l'homme. À cela s'ajoute qu'il existe au Japon de nombreuses religieuses très intelligentes, dotées d'une solide formation, et qui sont parfois bien plus cultivées que les prêtres. Très respectées, elles transmettent une image bien spécifique du catholicisme.

Mais vous avez pu faire, au cours des nombreuses années que vous avez passées au Japon, l'expérience d'une sécularisation encore plus intense que celle que vous connaissiez, n'est-ce pas ?

Oui, mais ce fut une expérience positive et importante. Lorsque je suis définitivement rentré en Europe en 2011 et que j'ai été nommé archevêque, je me suis rendu compte que le Luxembourg avait énormément changé et que le Japon m'avait aidé à me préparer à ce changement.

Quelle conclusion tirez-vous de tout cela ? Le christianisme devrait-il être élitiste plus qu'un mouvement de masse ?

Non, ce n'est pas aussi simple. Nous devons annoncer l'Évangile à tous, et dans une langue que tous peuvent comprendre. Or nous ne proclamons plus l'Évangile, nous n'évangélisons plus. Lorsqu'il est question de « proclamation », nous pensons plus au sermon du prêtre à l'église, mais la plupart des gens n'y viennent plus. Le pape François nous ouvre à ce propos de nouvelles possibilités, en soulignant que l'évangélisation fait partie intégrante du christianisme et qu'il nous faut vivre de manière à attirer de nouveau l'attention des gens, avec des mots si nécessaire, mais les mots ne sont pas le plus important.

Concernant le dialogue interreligieux, quelles leçons tirez-vous de votre expérience en Extrême-Orient ?

Il est tout d'abord essentiel de dire que l'Évangile nous exhorte à nous engager dans le dialogue interreligieux, toujours et partout dans le monde. Jésus s'est adressé à tous, y compris hors des frontières de sa communauté. Cette tâche est d'autant plus urgente aujourd'hui que nous vivons dans un monde globalisé et pluraliste. Et c'est particulièrement au Japon que j'en ai pris conscience. Nous avons à l'esprit les temps anciens où chaque religion ou presque, chaque croyance disposait de son propre cercle culturel. Ces temps ont généré des modèles explicatifs et des théologies qui ont pratiquement légitimé ce cloisonnement des religions – un cloisonnement qui ne fonctionne plus aujourd'hui et qui est même faux. Nous devons faire de la fraternité humaine notre devise.

Avec la déclaration d'Abou Dhabi, le pape François a ouvert un nouveau chapitre du dialogue avec les musulmans. Les relations demeurent pourtant rares et parfois même hostiles. Comment peuvent-elles évoluer ? Devons-nous nous accepter mutuellement de manière inconditionnelle ?

Absolument pas. Nous pouvons émettre des critiques, mais il y va d'une réciprocité et, par conséquent, nous devons nous aussi supporter les critiques. Au fil de l'histoire, les chrétiens n'ont pas toujours été au-dessus de toute critique. Au nom du Christ, ils ont persécuté, fomenté des guerres, incendié, tué – des folies qui ne correspondent certes pas à l'esprit de l'Évangile, mais qui sont les conséquences d'une volonté de domination. D'autres religions ont également commis des crimes analogues, mais nous n'avons pas le droit d'oublier notre propre histoire.

Cette culpabilité est particulièrement manifeste dans la relation des chrétiens et de l'Église avec le judaïsme. Votre point de vue sur nos « frères aînés dans la foi » a-t-il évolué au cours de votre vie ?

Dans mon enfance au Luxembourg, le judaïsme m'était familier. Quand nous étions en ville, nous passions devant la synagogue. Il est vrai que cela m'étonnait, mais je savais que des juifs vivaient et vivent parmi nous, qu'il existait cette autre communauté religieuse. Et puis on en parlait aussi dans les cours de religion et lorsque nous lisions la Bible. Le judaïsme ne m'était donc pas du tout étranger. Ce que je ne peux pas dire du protestantisme. Les juifs faisaient pour ainsi dire partie de mon paysage, tandis que les protestants m'apparaissaient comme des extraterrestres.

Quel est aujourd'hui votre rapport au judaïsme ?

À Luxembourg, nous entretenons une relation très cordiale avec la communauté juive. Nous avons par exemple agi de concert à l'occasion des négociations difficiles avec l'État, et j'en suis d'autant plus reconnaissant que cela n'allait pas de soi. Lors de ma première visite à la synagogue en tant qu'archevêque, j'ai ouvertement reconnu notre culpabilité et la responsabilité des chrétiens dans les horreurs perpétrées contre le peuple juif. De nos jours, on oublie volontiers qu'avant la guerre, le discours et les publications de l'Église n'étaient pas toujours exempts d'une certaine haine des juifs.

L'antisémitisme croît en Europe. Les chrétiens y ont-ils part ? Que faut-il faire ?

Il n'y a plus beaucoup d'antisémites aujourd'hui parmi les chrétiens, mais il en subsiste toujours quelques-uns qui refusent de comprendre le problème. En tout temps et en tout lieu, l'Église doit se ranger clairement aux côtés de nos frères sémites, et ne plus jamais rester muets et passifs s'ils se trouvent en difficulté.

Que souhaitez-vous pour le dialogue judéo-chrétien qui semble parfois au point mort ?

Il est question ici de bien davantage que d'un dialogue. Israël est le peuple élu, et le demeure, parce que Dieu est fidèle. La synagogue est notre mère. Je crois en Jésus-Christ, mais Jésus était juif et c'est en tant que juif que le Fils de Dieu s'est fait homme. Dieu a élu le judaïsme en vue de l'incarnation. J'ai donc le devoir de respecter et d'aimer cette religion de notre Seigneur.

3

Parler du Christ au sein du monde en évolution

ÉTUDES À MUNICH ET MANIFESTATIONS À BONN

Il y a dans votre biographie une étape intermédiaire que nous n'avons pas encore abordée. Après avoir vécu quatre ans au Japon, vous êtes arrivé en Allemagne, précisément en 1989. Quel était votre objectif?

Je suis venu en Allemagne pour mes études. J'ai commencé par obtenir une licence en théologie à Francfort, et puis je suis parti pour Munich où j'ai entrepris d'étudier l'allemand comme langue étrangère, matière qui comporte la linguistique, au même titre que la littérature et la culture en général. C'était ainsi me préparer à pouvoir enseigner plus tard dans le département d'allemand de l'université catholique de Tokyo.

Vous n'étiez pas encore prêtre, n'est-ce pas, lorsque vous êtes arrivé en Allemagne?

Non, j'ai été ordonné en 1990 à Bruxelles. Une histoire bien singulière là aussi. Parce que j'appartenais encore à la province jésuite belge, je devais être ordonné à Bruxelles, ce qui ne m'enthousiasmait pas du tout, car je n'avais jamais vécu en Belgique. Et puis la date de mon ordination coïncidait presque – à deux jours près – avec celle de l'examen que je devais passer pour obtenir mon diplôme de fin d'études théologiques. Ça ne pouvait pas coller. J'ai immédiatement écrit au provincial, pensant qu'il me dirait de me faire ordonner à Francfort. Ou à Luxembourg. Mais il m'a répondu : « J'ai parlé avec ton recteur, ton examen est avancé de deux semaines. » J'ai d'abord reçu cette nouvelle comme un choc, mais finalement, ça a été une bonne chose. Tous les étudiants qui se préparaient à l'examen étaient en état de stress, mais moi, qui ne faisais partie d'aucun groupe, je n'étais absolument pas nerveux et j'ai passé tranquillement l'examen qui comportait plus de soixante thèses à défendre.

Soixante thèses ? Que voulez-vous dire ?

Nous devions être à même de discuter de soixante thèses couvrant tout le champ de la théologie. C'était très excitant. Elles me paraissaient très bien choisies. Toute la théologie y était abordée. J'ai eu grand plaisir à me préparer à cet examen.

Qui vous a marqué à cette époque ?

Werner Löser et Erhard Kunst (le père jésuite qui dirigeait mon groupe et que j'aimais beaucoup) étaient pour moi très importants. Mais Medard Kehl, et naturellement Norbert Lohfink (je me délectais de son cours) l'étaient tout autant.

Vous êtes resté à Munich de 1990 à 1994. Vous êtes-vous alors familiarisé avec le catholicisme bavarois ?

Je n'avais pas grand-chose à faire avec lui ; à l'université, j'ai plutôt constaté que la plupart des professeurs étaient protestants. Les quatre années que j'ai passées à Munich ont été très agréables. Je suis d'abord resté un an au collège Bergmann, où j'étais le prêtre accompagnateur du groupe des philosophes. Cela ne m'a pas beaucoup servi pour mes études. Puis j'ai déménagé à Nymphenburg où les jésuites étaient également implantés. Je me rappelle encore très bien qu'ils logeaient dans un bâtiment moderne en béton qui me plaisait beaucoup, tandis que certains de mes confrères n'aimaient pas du tout y vivre. Moi, j'en admirais l'architecture. Il comportait de nombreuses baies vitrées à travers lesquelles on ne voyait que de la verdure. Pour étudier, c'était idéal !

En quoi consistait votre travail à Munich ?

J'étais très occupé avec mes confrères étrangers que j'étais chargé de préparer au diplôme intermédiaire en leur faisant une sorte de « mini-cours » qui leur permettait de se familiariser avec la matière.

1989-1990 en Allemagne : des années historiques. Les événements vous ont-ils marqués ?

Oh oui ! Je les suivais à la télévision. Et quand nous voyions des gens qui venaient de la RDA, nous avions le sentiment d'être au cœur de la situation. Les confrères allemands en parlaient beaucoup eux aussi. J'ai vécu là des moments très, très grisants. Mais un autre événement, à portée mondiale lui aussi, m'a ému plus encore à cette époque.

Lequel ?

La répression sanglante à Pékin sur la place Tian'anmen (paix céleste). À Francfort, j'étais également inscrit en germanistique à l'université Johann-Wolfgang-von-Goethe, et j'y avais beaucoup d'amis chinois. J'ai commencé par me rendre avec eux aux manifestations de Bonn, et j'ai continué en coorganisant une manif à Francfort.

Avec qui l'avez-vous organisée ?

Avec des gens de l'AStA (Comité général des étudiants). Ils étaient vraiment très à gauche, mais ils m'ont tout de même demandé de dire une prière pour les étudiants qui avaient été tués. Ils étaient un peu « exotiques » pour moi, mais je l'étais aussi pour eux. Ce qui a été toutefois surprenant, c'est que mes amis chinois, de jeunes chargés de cours au sein d'universités chinoises et membres du parti, y ont participé. Ils étaient furieux contre la répression du mouvement démocratique.

Trente ans plus tard, le Vatican conclut un traité avec la Chine. Est-ce une bonne chose ?

Oui. Et il n'y a pas d'autre choix. Je crois que le Vatican n'a pas de marge de manœuvre ; pas plus que le mouvement démocratique de Hong Kong. Des catholiques m'ont expliqué leur problème en Chine : lorsque le cardinal de Hong Kong proteste ouvertement, on assiste à une vague de persécution des chrétiens dans la République populaire. Il faut faire extrêmement attention à ce que l'on dit sous peine de mettre rapidement la vie des gens en danger.

Mais c'est pourquoi ceux qui ont courageusement persévéré au sein de l'Église clandestine se sentent désormais abandonnés.

Oui et non. C'est très différent selon les régions. Lorsque j'étais vice-recteur de l'université à Tokyo, j'ai souvent rendu visite à l'évêque de Shanghai. Il était également jésuite et était accepté par l'Église clandestine parce que lui aussi avait connu la prison pendant la Révolution culturelle. Bien qu'appartenant à l'Église officielle tolérée et contrôlée par l'État, il avait accroché dans son bureau un grand portrait du pape Benoît XVI. Dans la cathédrale, il y avait également au-dessus de l'autel un portrait de saint Jean-Paul II. C'est dire que cet évêque était profondément catholique et qu'il n'était pas seulement au service du régime. Nous ne devons pas nous représenter la Chine comme un bloc. Il existe dans le parti des gens qui souhaitent une réconciliation avec les religions, et d'autres non. Il nous faudrait des spécialistes pour y voir plus clair. J'avais de très bonnes relations avec la section japonaise du ministère des Affaires étrangères, et je les ai entretenues. Lorsque le Premier ministre chinois est venu au Japon, il a visité notre université et a joué au catchball avec les étudiants. À une autre occasion, j'ai été reçu dans son hôtel avec une délégation d'étudiants.

Selon vous, cette politique de rapprochement crée pour les catholiques plus de libertés qu'elle ne restreint celles-ci.

Oui, il n'y a pas d'autre moyen. Autrement, l'Église serait tout simplement anéantie.

Croyez-vous à des changements possibles en Chine ?

Oui, mais ils se feront très lentement. Ou d'un seul coup, par la force. Il est difficile de le prévoir. Nous avons notre récit à propos des martyrs, les Chinois ont également le leur. Lorsque les Français ont décidé d'édifier la cathédrale de Nankin, les Chinois ont été contraints, sous la menace des baïonnettes de quitter leurs maisons pour libérer le terrain. Et ils ont même dû aider à la construction. Selon cette version chinoise, la religion chrétienne n'est rien d'autre qu'une émanation du colonialisme. Le chemin de réconciliation ne peut passer que par les relations humaines. Nous devons nous lier d'amitié et nous pourrons alors raconter nos histoires respectives. Et c'est en nous ouvrant à l'histoire de l'autre que le changement sera possible.

Si la Chine joue un rôle prédominant, qu'est-ce que cela signifie pour l'équilibre géopolitique ?

Je pense que le monde retourne à son ancien équilibre. Dans les siècles passés, le centre du monde, pour ce qui est du commerce, de l'artisanat entre autres, se trouvait en Asie – en Chine et en Inde, et dans la région intermédiaire, c'est-à-dire ce qui était l'Indochine. Plus tard, le Japon s'y est ajouté. Notre regard eurocentrique ne nous fait pas avancer. Le monde musulman nous a, lui aussi, beaucoup apporté. On pourrait même dire qu'il constitue une autre partie de l'Europe. Dans son *Essai sur les mœurs et l'esprit des nations*, la première synthèse de l'histoire universelle qui englobe la Chine, Voltaire a eu l'audace de ne plus évoquer ni Noé, ni Adam, ni Ève.

L'Europe a-t-elle encore une tâche particulière dans ce réalignement des forces en présence ?

L'Europe, avec l'Amérique, a donné naissance aux droits de l'homme, une initiative qui inaugurait un véritable progrès dans l'histoire de l'humanité. Ces droits ne seraient pas universels s'ils n'étaient pas reconnus dans toutes les cultures. Nous devons donc veiller à ne pas sombrer dans le nationalisme, ni non plus dans un nationalisme européen.

Revenons-en à Munich et aidez-moi à me représenter votre vie d'étudiant.

Je me suis senti très bien à Munich. De par le tutorat que j'assurais, j'avais de nombreux amis. Je n'allais pas aux soirées qu'ils organisaient, mais il m'arrivait d'aller prendre un café ou de manger une pizza avec eux. Je me rappelle également qu'il y avait des femmes qui, de chrétiennes, étaient devenues musulmanes parce qu'elles avaient épousé un musulman. Discuter avec moi les intéressait beaucoup.

Portiez-vous à cette époque le col romain ou des vêtements plus décontractés ?

Je ne portais pas le col romain, sauf peut-être aux jours de fête. Mais tout le monde savait que j'étais prêtre. La plupart trouvait cela plutôt intéressant. Mais à cette époque-là, je ne rencontrais guère autour de moi de fervents catholiques, hormis les professeurs Harald Weinrich et Johannes Laube, le japonologue qui avait jadis voulu devenir jésuite. J'avais l'impression que l'on était moins exigeant dans le domaine de la théologie catholique que dans les autres matières. Et puis en fait, j'ai perçu le Munich d'alors comme étant déjà très sécularisé. J'avais un très bon ami, indien et croyant, avec qui j'ai gardé le contact. Aujourd'hui, il est représentant de l'État libre de Bavière à Bangalore.

Avez-vous alors ressenti plus fortement encore à quel point le monde s'était sécularisé ?

Clairement ! J'ai plutôt perçu, dans les cercles académiques, une méfiance vis-à-vis de l'Église. J'ai donc adopté une attitude défensive. Mais les gens m'acceptaient personnellement et je n'ai jamais eu aucun problème parce que j'étais prêtre. De mon côté, je me suis toujours efforcé de prendre les gens tels qu'ils étaient. Ne pas avoir de préjugé est peut-être une spécificité japonaise.

Étiez-vous donc devenu un peu japonais vous-même ?

C'est possible. En tout cas, j'ai vraiment pris conscience de la différence. Au Japon, j'ai appris à penser autrement. Les Japonais ne pensent pas, comme les Européens, selon une logique des contraires. Si je dis, par exemple : c'est noir, donc ce n'est pas blanc, un Japonais dira : c'est blanc, mais c'est peut-être noir aussi. Au Japon, on peut associer les contraires sans changer de point de vue. Cela vous semble difficile ? Dès lors que l'on plonge à fond dans cette culture, il y a un moment où il faut faire un choix : ou on l'accepte, ou bien on retourne en Europe. Certains jésuites sont repartis en Europe parce qu'il leur était impossible de travailler au Japon. Personnellement, j'ai très bien accepté cette culture.

Cela veut-il dire que cette pensée moins bipolaire pourrait s'apprendre et être transposée à l'Église?

Oui, certainement. Lorsque nous étions enfants, nous avons appris par cœur le Credo. « Je crois en la sainte Église catholique. » J'y crois toujours! Mais cela ne signifie pas qu'il n'y a de vrai que cela et que tout le reste est faux. Ce n'est pas un renoncement à la vérité. Les concepts que nous utilisons sont justement autre chose que la vérité comme telle. La vérité, c'est Dieu lui-même. Nous devons à nouveau nous atteler à toujours prendre en compte l'analogie. Malgré et au-delà de notre foi sincèrement proclamée dans le Credo, Dieu est encore et toujours autre. Il subsiste donc de vastes marges qui devraient influer sur notre comportement.

Qu'avez-vous appris en Allemagne? Quel souvenir le plus marquant avez-vous gardé de l'université de Munich?

Harald Weinrich a été le professeur qui m'a le plus impressionné. Il fait partie des plus extraordinaires qu'il m'a été donné de rencontrer. Si on voulait avoir une place assise à ses cours en amphi, il fallait arriver très en avance. Les autres professeurs eux-mêmes y assistaient de temps à autre. Je me suis inscrit chaque année à son séminaire. Il m'a appris à parler librement, c'est-à-dire sans notes. Nous n'avions droit à nos fiches que pour les chiffres et les citations. Et c'est aussi librement, sans notes, que je prêche encore aujourd'hui. De la linguistique à la littérature, Weinrich était un puits de science. Il s'était formé à l'étude des langues romanes et avait changé pour la germanistique en arrivant à Munich. Il a publié une grammaire française avant de se lancer dans une grammaire de l'allemand. Son livre sur le temps des verbes a retenu toute mon attention. Chaque temps a sa propre fonction dans le système global de la langue. J'ai rédigé mon mémoire de maîtrise sur la narrativité dans le symbole de Nicée-Constantinople.

Que voulez-vous dire ? Comment ça, la narrativité ?

J'ai commencé par étudier le texte latin. La partie christologique centrale, écrite au parfait de l'indicatif, est narrative et, d'un point de vue linguistique, intégrée de merveilleuse manière dans le Credo. Dans la traduction française, on l'a très bien compris et on alterne entre le passé composé, qui décrit l'action, et l'imparfait qui décrit l'arrière-plan, le décor. En allemand, on a tout simplement traduit le parfait de l'indicatif latin par le prétérit. Or, le prétérit allemand n'est pas narratif. C'est pourquoi, contrairement à ce qui se passe en France, on ne récite jamais le Credo de Nicée-Constantinople à la messe en Allemagne.

Comment devrait-on dire alors au lieu de « ressuscita le troisième jour » ?

« Il est ressuscité le troisième jour, est monté aux cieux… » C'est bien plus narratif.

Quels livres avez-vous découverts à cette époque ?

Je suis très ouvert à tout et, pour mon compte personnel, je ne lis pas que des ouvrages catholiques. J'ai découvert la littérature communiste, par exemple. Anna Seghers m'a beaucoup plu et Bertolt Brecht m'a fasciné.

Sa poésie lyrique ou ses pièces de théâtre ?

Ses pièces *La vie de Galilée* et *Le cercle de craie caucasien* sont devenues très importantes pour moi. On y est confronté à la critique de l'Église, une critique qui n'est d'ailleurs pas toujours erronée et dont on doit tirer des leçons. Plus tard, j'ai beaucoup lu Voltaire, un personnage extrêmement captivant et très sincère. Toute la critique de la Bible de Ludwig Feuerbach était déjà présente chez lui. Mais à leur époque, les philosophes des Lumières n'étaient pas en mesure d'expliquer les contradictions qui apparaissent lorsqu'on lit la Bible d'un point de vue historique. Voltaire a également lu tous les ouvrages des jésuites sur la Chine. Sa bibliothèque, que la tsarine Catherine II a acquise et pour laquelle elle a fait édifier le bâtiment qui l'héberge, se trouve aujourd'hui à Saint-Pétersbourg. À l'époque de la RDA, les œuvres contenant les annotations autographes de Voltaire furent publiées. Qu'a-t-il souligné ? Qu'a-t-il noté dans la marge ? C'est naturellement très intéressant et édifiant pour son processus intellectuel. Voltaire travaillait énormément et passait chaque jour plusieurs heures à son bureau. Et comme il a vécu très âgé, il a beaucoup lu et beaucoup pensé. Savoir s'il était athée ou théiste est sujet à polémique. Je pense qu'il a été les deux, à différentes époques.

Qu'était-il à votre avis ?

À mon avis, il était plutôt théiste. Il existe une théorie selon laquelle, lors de ses études chez les jésuites, il a intériorisé le catéchisme au point de pouvoir le citer fidèlement. Mais il a laissé de côté le mystère du Christ qu'il n'a pas compris. Dans le village de Ferney, il a fait construire une chapelle et apposer sous le clocher une plaque sur laquelle on peut lire *Deo erexit Voltaire* (érigé pour Dieu par Voltaire). Il en était très satisfait. Il y a bien dans cette chapelle une figure du Christ, mais il n'est pas représenté comme le Crucifié, mais comme un orant. Mais probablement que le christianisme éclairé, qui l'avait marqué durant ses études chez les jésuites, allait déjà dans ce sens.

Avez-vous personnellement traversé des phases de doute ?

Non. Ou peut-être de très brèves.

Vos lectures en étaient-elles la cause ?

Oui, la littérature m'a amené à me demander comment Dieu pouvait tolérer le mal (et c'est une grave question !) jusqu'à ce que je comprenne que je ne pouvais apporter de réponse philosophico-théologique vraiment satisfaisante. Les réflexions théologiques sont essentielles, bien sûr, mais la véritable réponse, c'est la Croix du Christ. Et l'amour du Père. La Croix du Christ est une expression de l'amour du Père.

En suivant les cours de Harald Weinrich, vous avez découvert la grande force de la dimension narrative. Qu'est-ce que cela signifie pour la foi ?

Weinrich a forgé le concept de théologie narrative, un concept qu'il a utilisé pour la première fois dans un article publié en 1973 dans la revue *Concilium*. Certaines traductions de la Bible ont complètement biffé la dimension narrative et ainsi faussé le message biblique. L'interprétation correcte est intimement liée à la narration, sinon l'essentiel se perd. La vie du Christ doit être racontée comme l'élément constitutif du christianisme, que je dois m'approprier. Je deviens ainsi partie constitutive de cette histoire et peux la raconter à mon tour.

La dimension narrative se perd-elle donc ?

La préserver est encore plus difficile aujourd'hui qu'il y a trente ans, parce qu'entre-temps la narrativité dans la culture est transférée sur des images. Et c'est un grand changement auquel nous assistons. Je crois que nous n'en avons pas suffisamment pris conscience au sein de l'Église. Je suis quant à moi convaincu qu'il est nécessaire de combiner la narration et les images.

Que voulez-vous dire ? Le film La Passion du Christ *de Mel Gibson montre-t-il l'exemple à suivre ?*

Ce n'est pas ainsi que je me représente les choses. Je crois que l'on peut exprimer la cruauté et la souffrance beaucoup plus sobrement que par ces orgies sanglantes qui me rebutent plutôt. Mais je trouve très belle l'adaptation cinématographique que Pier Paolo Pasolini a réalisée de l'Évangile selon saint Matthieu – surtout la scène de la résurrection qui se reflète sur le visage de Marie ; la manière dont une lumière, soudain, l'éclaire et transforme la tristesse en étonnement et en joie. J'ai été très impressionné par le jeu de la Marie de Pasolini.

Le film Silence *de Martin Scorsese a révélé au grand public l'histoire des jésuites au Japon.*

Oui, et Scorsese s'est inspiré du livre d'Endō Shūsaku. J'ai eu l'occasion peu après mon arrivée au Japon de faire la connaissance de ce grand écrivain, dont nous avons déjà parlé. Et après sa mort, j'ai également connu sa femme. Lui aussi a fait des études à l'université Sophia. *Silence* (*Shimoko*), le titre de son roman, lui est venu de sa biographie. Sa mère avait ce que l'on pourrait appeler un mentor spirituel, le père Herzog, qui était probablement très strict. Il voyait en lui une sorte de surmoi, un être qu'il estimait, certes, qu'il admirait, mais qu'il ressentait en même temps comme écrasant. Son cœur était donc partagé. Il a écrit notamment qu'il lui en voulait beaucoup de l'obliger à mettre des vêtements de fête lorsqu'il allait à l'église. Plus tard d'ailleurs, le père Herzog a quitté l'ordre jésuite et s'est marié.

Cela renvoie au film, mais également aux problèmes que l'Église rencontre aujourd'hui.

« Il m'a donné la foi et renié la sienne. » On trouve cette phrase sous la plume d'Endō Shūsaku, qui raconte qu'il a aperçu le père Herzog quelques années plus tard dans un café. Il s'est alors caché derrière un journal et l'a observé. Il a été frappé, au premier abord, par le changement de son allure. Ce prêtre, qui était toujours élégamment vêtu, dont la soutane était impeccable, portait maintenant une veste pleine de taches et de pellicules. Avec l'âge, il avait un peu sombré dans la déchéance. Mais il pria avant de manger son sandwich. Il avait quitté la prêtrise, certes, mais n'avait pas perdu la foi. Un soulagement pour Endō. Même si son roman *Silence* se déroule à une tout autre dramatique époque, il y a un lien entre les deux histoires.

L'expérience de ce prêtre jésuite n'est-elle pas, dans une certaine mesure, semblable à celle du samouraï dans le roman éponyme ?

Le samouraï s'est effectivement converti. Il avait promis obéissance au seigneur de la province du Nord, qui l'avait enjoint de se faire baptiser et l'avait envoyé en ambassade en Europe afin de négocier un accord commercial avec le roi d'Espagne. Le samouraï consent donc. Mais en Europe, il éprouve une honte profonde à la vue du Crucifié et se demande comment on peut adorer un homme ainsi misérablement cloué sur une croix. Adorer un condamné est en effet totalement contraire au code de l'honneur d'un samouraï. Mais par loyauté envers son seigneur, il accepte le baptême. À son retour au Japon, il constate que la situation politique a considérablement changé : le christianisme est interdit et le seigneur refuse désormais toute relation avec le samouraï. Sommé d'abjurer sa foi, celui-ci affirme qu'il a promis d'obéir strictement à Jésus sur la Croix. Le baptême fait alors de lui un traître qu'il faut éliminer. Au moment où il rend l'âme, des pétales, symboles de pureté et de beauté, tombent du ciel.

Quels éléments autobiographiques le roman d'Endō renferme-t-il ?

Si le bouddhisme est très présent dans l'œuvre de cet écrivain, le christianisme l'est aussi. La culture d'Endō est japonaise, mais il s'est senti attiré autant que rebuté par le christianisme. On a l'impression qu'il s'agit d'une interprétation existentielle de la foi catholique telle qu'elle est vécue aujourd'hui par bien des gens, et particulièrement par des intellectuels. L'Église devrait faire preuve à ce propos d'un esprit plus ouvert et essayer de les comprendre.

Attiré et rebuté en même temps, dites-vous?

Oui. Il se peut qu'un croyant se sente attiré et rebuté en même temps. De nos jours, pour de nombreuses personnes, la profession authentique de la foi n'est plus aussi simple que celle que nous disons au baptême.

Encore une question sur votre vie: après vos séjours à Munich et à Francfort, vous êtes retourné en 1994 au Japon, puis vous êtes revenu à Bonn en 2000. Pourquoi?

Je voulais prendre une fois encore une nouvelle orientation. À Tokyo, j'ai remarqué que j'étais le seul à m'intéresser en linguistique au discours narratif, et que les autres enseignants suivaient la ligne de Noam Chomsky. Cela m'ennuyait. Je n'adhère pas à sa thèse sur l'existence d'une grammaire universelle. Dans notre département, tous étaient fortement centrés sur la linguistique. Et puis les *area studies*, l'étude des cultures régionales, ont fait leur apparition. Je me sentais très proche des professeurs qui avaient introduit cette nouvelle tendance. Comme eux, je pensais qu'une faculté qui n'enseigne que des langues n'a pas d'avenir dans notre monde globalisé. Nous avons donc élaboré un nouveau programme qui englobait également des études européennes.

Area studies: *cela signifie-t-il que l'on prend davantage en considération le pays et son histoire?*

Oui. On ne se contente pas d'apprendre l'allemand, par exemple, mais on étudie également la sociologie, la politique, l'histoire et l'économie du pays. Le pays est abordé sous différents aspects, et pas uniquement sous l'angle de sa langue. En tant que Luxembourgeois, c'est particulièrement l'Europe qui m'intéressait et je voulais instaurer un cycle d'études correspondant à ce concept. Mais il me fallait tout d'abord acquérir moi-même les connaissances académiques en la matière. En 1994, j'étais reparti au Japon. Au cours de mes congés sabbatiques, je suis retourné à Bonn en 2000 et 2001, et j'y ai énormément appris.

Quel était votre objectif? Vouliez-vous préparer un doctorat pour pouvoir enseigner?

Je suis devenu professeur au Japon sans avoir passé de doctorat, mais j'avais un grand projet: je voulais publier un ouvrage sur l'histoire des jésuites au XVIIIe siècle en Thaïlande. J'en avais très envie, car la plupart des auteurs ne se sont intéressés qu'au succès des jésuites. Or, dans ce pays, ils avaient échoué. En Thaïlande, il n'existe plus aucune archive sur eux en thaï. Tout ce que l'on trouve a été rédigé en néerlandais, en anglais, en portugais ou en français. J'ai analysé et photographié tout ce que j'ai pu trouver à Rome, et j'avais l'intention d'écrire leur histoire. Mais voilà, j'ai été nommé archevêque et je n'avais plus le temps de mener à bien mon projet. Cela fait partie des regrets de ma vie. Je crois que cela aurait permis d'interpréter autrement cette époque de l'histoire. La plupart des Américains ou des Européens qui se sont intéressés à cette période ne comprennent rien à l'Église. Ils confondent et mélangent tout. Il faut aussi bien connaître l'histoire de l'Europe si l'on veut comprendre ce qui était réellement en jeu.

4

Les Églises vides et la normalité de la crise

ARCHEVÊQUE AU LUXEMBOURG ET EN EUROPE

En 2011, vous êtes devenu archevêque de Luxembourg. Cette nomination a-t-elle été un choc pour vous ?

Il faut que j'évoque une histoire un peu particulière qui explique pourquoi j'étais au courant. J'étais vice-recteur de l'université Sophia et membre du conseil d'administration, responsable des relations extérieures et des affaires catholiques. Nous travaillions dans une espèce de grand bureau en espace ouvert, avec au centre le groupe des secrétaires, et tout autour les bureaux des membres du conseil d'administration. Les secrétaires étaient chargées d'ouvrir le courrier. Lorsqu'elles avaient un doute, elles venaient me trouver pour savoir si c'était important ou non. Est arrivé un jour, adressé par le pape au président, un *pontificium secretum*, c'est-à-dire une lettre confidentielle. La secrétaire, n'en comprenant pas le texte et n'étant donc pas sûre, me l'a soumise. On pouvait y lire que le père

Hollerich était proposé pour être archevêque de Luxembourg et l'on voulait avoir l'avis du président. Je n'aurais naturellement pas dû voir cette lettre, mais on me l'avait montrée. N'en entendant plus parler ensuite, je pensais avoir été écarté. Sur la liste, j'étais un peu « hors normes ». Lorsqu'on propose trois personnalités à un poste, on inscrit celle qui n'est pas suffisamment qualifiée, celle qui est un peu originale et celle qu'on aimerait bien voir nommée. Donc, pour moi, les jeux étaient faits. Et puis j'ai été convié à l'anniversaire du nonce. Loin de moi l'idée de voir un rapport entre les deux. Au nom de l'université, je lui ai fait envoyer des fleurs et me suis rendu à la soirée. Il m'a dit qu'il avait à me parler et m'a entraîné dans une pièce à part. J'ai pensé qu'il voulait me confier une traduction, mais il m'a très solennellement déclaré : « Père Hollerich, le pape Benoît XVI vous a nommé archevêque de Luxembourg. Êtes-vous prêt à accepter cette fonction ? » Il me fallait répondre à la seconde. J'ai rapidement réfléchi et j'ai pensé à Ignace qui a dit quelque part : « Quand on a à choisir entre deux options, il faut choisir la plus difficile. » Alors j'ai dit oui.

Vous en êtes-vous réjoui ?

Oui, j'étais heureux, mais j'avais aussi un peu peur. Je ne devais en parler à personne, mais j'en ai toutefois informé le président du conseil d'administration, car ma nouvelle fonction allait m'obliger à quitter mon travail à l'université. Et comme j'étais également recteur de la Communauté des jésuites, j'ai mis mon suppléant au courant. Et puis j'ai filé en douce, parce qu'il me fallait regagner le Luxembourg au plus vite. Il n'était pas facile du tout de trouver un vol, et ma nomination devait être officiellement annoncée une semaine plus tard. J'ai d'abord pris un avion pour Bangkok puis, après dix heures d'escale, un autre pour Zurich et, de Zurich, un autre encore pour Luxembourg. J'ai atterri à 10 h 30, la conférence de presse était prévue à midi.

Concernant votre foi, qu'avez-vous rapporté de votre expérience au Japon ?

D'abord une façon de penser, à savoir ne jamais céder à la panique, attendre, examiner, peser. Ce sont des vertus que j'ai apprises là-bas. Et puis l'importance du dialogue avec les autres religions et le monde postmoderne. Et surtout, j'ai appris que nous n'avons pas le monopole de la vérité. Je crois fermement en Jésus-Christ et je souscris entièrement à la première phrase de l'Épître aux Hébreux[1]. Mais Dieu est présent ailleurs aussi. Nous devons le reconnaître. Et nous, les évêques, ne détenons pas non plus la vérité. Nous devons nous mettre en quête de la vérité toujours plus grande, et essayer également de la reformuler. Au début du dernier

1. « À bien des reprises et de bien des manières, Dieu, dans le passé, a parlé à nos pères par les prophètes » (He 1, 1).

Carême, lors d'exercices spirituels que j'ai donnés à mes prêtres, je leur ai recommandé de méditer la parabole du fils prodigue. Ce qui est intéressant – et le pape l'écrit aussi – c'est que lorsque le fils prodigue revient, on ne le lave pas, on le revêt d'un beau vêtement et on lui passe un anneau au doigt. N'est-ce pas en quelque sorte le vêtement sacerdotal et l'anneau de l'évêque ? Et il ne reçoit pas ce vêtement parce qu'il le mérite, mais parce que le père a pitié de lui. Il lui faut désormais être le témoin de la miséricorde. Cela me touche au plus profond. Je ne suis pas meilleur que les autres. Le penser serait une erreur.

N'êtes-vous pas revenu du Japon un peu comme un fils prodigue ?

Non. Pas au Luxembourg. Bien des gens ont été choqués par ma nomination. Ils ne savent pas comment ni où me situer : je suis ultraconservateur pour les uns, terriblement libéral pour les autres.

Et qu'êtes-vous réellement ?

Ni l'un ni l'autre.

Pourquoi les gens veulent-ils ainsi vous cataloguer ?

C'est tout simple : probablement parce qu'ils sont nombreux à penser que s'il est impossible de cataloguer quelqu'un, il faut redoubler de prudence. L'Église est malade des querelles idéologiques intestines. Elle doit faire de la place à la diversité. Dans le monde actuel, on ne peut exiger que tous les êtres aient une foi strictement uniforme. En moi-même je sens une certaine diversité : un jour je célèbre une messe en latin, un autre jour je me joins aux fidèles qui dansent pendant l'office.

Qu'est-ce qui est conservateur en vous ?

Je suis conservateur dans la mesure où j'aime la forme solennelle de la liturgie. Dans le Credo, je peux bien sûr souscrire à tout. Je n'ai pas de doutes à propos d'un dogme quel qu'il soit. Je m'efforce toujours de les comprendre dans des contextes donnés. J'aime l'Église et j'aime aussi la tradition. Mais on ne peut conserver les traditions que si on les change et les adapte. Sinon, elles disparaissent. Et c'est ce que nous devons faire au sein de l'Église, ce qui demande un sérieux apprentissage. Nous devons accepter que les hommes d'aujourd'hui nous apprennent à chercher Dieu dans notre monde actuel, et à l'y reconnaître. Dieu n'est pas présent seulement dans le passé de l'Église catholique, et dans le passé, il n'était d'ailleurs pas toujours et partout présent. Je ne peux par exemple imaginer qu'il se réjouissait de la chasse aux sorcières ou pendant d'autres périodes sombres de l'histoire. L'Église a beaucoup péché. Nous devons chercher où est

Dieu en ce monde, nous remettre en quête. Nous n'avons pas la science infuse. Nous croyons fermement au salut en Jésus-Christ, mais ce qui en découle relève plus d'une recherche que d'une certitude établie une fois pour toutes.

Où en est le Luxembourg en ce qui concerne les enquêtes sur les abus sexuels au sein de l'Église ?

Mon prédécesseur et son vicaire général ont fait du bon travail en faisant établir un rapport décrivant de nombreux cas. Mais il restait des archives secrètes auxquelles seul l'évêque pouvait avoir accès. Dès mon arrivée à Luxembourg, j'ai mis fin à ce système et j'ai prié l'archiviste d'examiner également ces « dossiers secrets » avec l'aide du vicaire général. Or il est apparu qu'ils étaient incomplets. Ils n'avaient pas été dérobés ni brûlés, comme on le croit parfois, mais il manquait de nombreuses informations qui n'avaient tout simplement pas été consignées. J'ai rencontré quelques victimes. Je prends le temps d'écouter celles qui souhaitent me parler. Je peux tout à fait comprendre que leur vie ait été anéantie et j'en suis bouleversé. Pour les enfants, le prêtre ou l'évêque est celui qui parle au nom de Dieu. Alors user de cette autorité pour commettre des abus est le pire que l'on puisse faire. C'est tout aussi grave qu'un inceste. L'accompagnateur spirituel des enfants et des jeunes gens doit toujours respecter leur personnalité et leur liberté.

Comment expliquez-vous que l'on en soit venu à cette crise des abus sexuels ?

Je me suis récemment entretenu avec quelqu'un qui m'a raconté n'avoir reçu aucun amour dans l'établissement catholique où il était dans son enfance ; qu'il n'y avait connu que la rigueur et la sévérité. Je me suis demandé comment de telles religieuses ou de tels prêtres pouvaient se targuer d'être chrétiens. Ignoraient-ils que Dieu est amour ? Je pense que leur foi était pervertie et qu'ils ne savaient pas ce qu'est l'amour.

Mais comment en est-on arrivé à de telles dérives au sein de l'Église ?

Le système, la structure l'emportaient sur les contenus. Le phénomène est mondial, mais en Europe, et en Allemagne particulièrement, il reste dangereux. Il faut commencer par en revenir à la vie, aux contenus. Dans leurs formes conservatrices comme dans leurs manifestations libérales, les structures sont mises trop en avant. Elles doivent être emplies de l'amour de Dieu, de l'Évangile, autrement dit de vie ; sans quoi, elles s'effondreront. En revanche, si on s'y emploie, elles changeront forcément en bien. L'argent et le pouvoir jouent également un rôle.

L'année 2015 a marqué un tournant historique dans les relations entre l'Église et l'État au Luxembourg. Était-ce un acte hostile de la part du gouvernement ?

Avec le recul, je ne dirais pas cela. La césure que marquait cette convention signée entre l'Église et l'État ne reflétait certes pas une grande proximité mutuelle. Les cours d'instruction religieuse ont été supprimés dans les écoles publiques, la responsabilité commune pour les bâtiments et les trésors culturels de l'Église a été définie sur de toutes nouvelles bases et la rémunération des nouveaux prêtres n'est dorénavant plus assurée par l'État. Mais sur le long terme, l'Église doit reconnaître que le gouvernement l'a ainsi obligée à se préoccuper de son avenir avec plus de réalisme. Certaines relations étroites entre l'État et l'Église n'étaient tout simplement plus le reflet de la réalité sociale dans un pays jadis catholique. Aujourd'hui, c'est à peine plus de 40 % de la population qui se déclare catholique, et encore, ce n'est souvent que sur le papier. Nous – c'est-à-dire l'Église – devons désormais prendre en main notre avenir et cesser de nous reposer sur un présent en quelque sorte « sécurisé ». Car en grande partie, ces sécurités n'existent plus. Depuis la séparation, je m'entends bien avec le Premier ministre et je l'ai accompagné, lui et son époux, lors d'une visite au pape. Cela a créé un peu d'agitation au Vatican, mais le pape s'en est amusé.

En 2018, vous avez succédé au cardinal Reinhard Marx à la présidence de la Commission des épiscopats de l'Union européenne (COMECE). Nous avons déjà parlé de la sécularisation, de l'Église, de la foi. Quel poids la voix de l'Église a-t-elle encore en Europe ?

Lors de mes entretiens à Bruxelles, à Strasbourg et ici à Luxembourg, je mise sur des arguments pour convaincre. Nous avons quelques experts qui font des propositions vraiment constructives pour l'Union européenne. Elles sont favorablement accueillies, même si les personnes impliquées ne sont pas forcément croyantes. J'ai, par exemple, très bien travaillé avec Federica Mogherini, représentante de l'Union pour les affaires étrangères, indépendamment de son appartenance politique. Il existe un document stipulant que l'UE a le devoir de respecter et défendre les droits de l'homme. Nous avons proposé qu'il en soit de même pour la liberté religieuse – ce que Mme Mogherini a repris à son compte.

Venons-en au suicide assisté. Il semble que ses partisans s'imposent petit à petit dans toute l'Europe.

L'euthanasie, comme on l'appelle officiellement, existe depuis longtemps au Luxembourg. Le suicide assisté n'est plus considéré comme un suicide au sens propre du terme, c'est-à-dire comme un acte de désespoir que l'on devrait empêcher quelqu'un de commettre. Ce que je trouve monstrueux, qui me choque et me déconcerte, c'est que l'on distord la vérité par voie légale. Ceux qui promeuvent cela ne sont plus les humanistes non chrétiens avec qui nous discutions autrefois.

Le libre choix de la mort était alors considéré comme faisant partie intégrante de la dignité et de la liberté humaine. Depuis, le meurtre d'êtres humains s'est répandu et je trouve cela profondément malhonnête.

En Europe, certains pays comme l'Allemagne comprennent de moins en moins le point de vue des Églises. On considère le refus du suicide assisté comme une entrave au droit à l'autodétermination.

Je crois que l'on n'écoute plus l'Église parce que nous sommes trop faibles. L'Europe manque de théologiens moralistes qui pourraient se faire entendre. Nous avons depuis longtemps perdu le combat contre l'avortement. En politique, nous devrions cesser de mener les luttes du passé et œuvrer plutôt au niveau de la société civile. Nous devons essayer d'endiguer l'euthanasie en étant auprès de ceux et de celles qui sont peut-être dans le désespoir. Et nous devons aider encore plus de femmes enceintes qui se trouvent en situation de détresse. C'est selon moi une tâche plus importante que de chercher à influencer les décisions législatives. Et nous devrions nous préparer aux combats bien plus graves encore qui se profilent, par exemple sur le plan de la bioéthique et de l'intelligence artificielle. C'est de ces questions que devraient débattre les évêques européens. Nous avons également besoin d'intellectuels chrétiens qui accompagnent par la pensée l'évolution de l'humanité et tentent d'en concevoir d'avance la possible configuration, alors que nous pensons toujours trop au passé. L'Église catholique a dramatiquement perdu de son autorité intellectuelle et risque de devenir une secte si nous ne réfléchissons plus en coopération et en dialogue avec le monde.

Comment évaluez-vous les débats sur l'égalité des droits et sur la théorie du genre, comme l'on dit ?

Certains de ces débats me semblent trop élitistes et trop déconnectés de la réalité vécue, ce qui peut être dangereux. Et puis il y a également des thèmes qui sont nouveaux pour moi aussi. Je ne suis pour aucune discrimination, mais pas non plus pour un égalitarisme à tout va. Je n'ai rien contre la reconnaissance des couples homosexuels, mais le débat récurrent sur le « genre » va beaucoup trop loin pour la plupart des gens. Que l'on remplace les termes « père » et « mère » par « parent 1 » et « parent 2 » est purement et simplement impossible. Le changement social ne peut être dicté par la loi. Faire de l'égalité le principe suprême présente à mon avis un danger. Avec le mot « fraternité », le pape nous montre un chemin. La fraternité peut tolérer des différences tout en maintenant la communion.

La question du sens de l'amour se pose alors principiellement au sein de notre société européenne actuelle.

L'amour est redéfini de manière totalement inédite. Pensez-vous que l'idée de l'amour a encore une signification existentielle ?

Oui, je suis persuadé que les jeunes ont soif d'amour, qu'ils aspirent à aimer et à être aimés.

Comment la question de l'amour se pose-t-elle alors aujourd'hui ?

Il est un fait qu'elle ne se pose pas de nos jours comme elle se posait par exemple dans mon enfance. Aujourd'hui, les jeunes ont peur de se lier parce qu'ils sont conscients des dangers, des risques, et qu'ils voient chez les adultes des blessures qui ne guérissent pas toujours. Mais je pense qu'ils n'en ont pas moins un profond désir d'amour. Et je vois bien, quand je parle avec eux, que cela peut déjà être un échange empreint d'attention respectueuse et d'amour existentiel, parce que les formes d'amour et les manières de l'exprimer sont multiples. Le cœur de ma mission de prêtre consiste à leur faire découvrir l'existence d'un amour plus grand encore, l'amour de Dieu, qui donne la force, au-delà de tous les risques de la vie humaine. Il me faut donc veiller à ce que les gens perçoivent en moi cet amour du prochain. J'ai appris au Japon qu'il faut accepter les gens tels qu'ils sont et les aimer sans les juger.

Parallèlement, l'idée même d'une identité est remise en question aujourd'hui, aussi et particulièrement en ce qui concerne la sexualité.

Il est clair qu'il existe des nuances en ce qui concerne la puberté, dont il faut tenir compte. C'est également le cas dans d'autres situations de vie, mais c'est tout de même assez rare. Sans néanmoins tout vouloir changer, nous devrions trouver le moyen de respecter la minorité et lui concéder vraiment toutes les libertés dont elle a besoin. J'en reviens à la question du père et de la mère : pourquoi ces termes devraient-ils disparaître des textes de loi ? Il serait sans doute préférable de les assortir de nouveaux concepts. Je suis – je l'ai déjà dit – contre toute forme de discrimination. La loi doit respecter la personne et ses besoins, mais cela n'inclut pas qu'il soit nécessaire d'abolir les catégories « homme » et « femme ». Il est des individus qui ne naissent ni homme ni femme. Ce troisième sexe, ou plutôt cet individu asexué, ne doit pas être discriminé. On doit lui conférer une identité, et cette identité doit être acceptée. Dans son encyclique *Fratelli tutti*, le pape a déclaré que la fraternité apporte un correctif à l'égalité. En Europe, nous courons le risque de tout uniformiser. Je ne pense pas que traiter à égalité le mariage homosexuel et le mariage hétérosexuel soit la solution. Le fait que l'on puisse enregistrer un partenariat homosexuel, et qu'il puisse être éventuellement même qualifié par l'État de couple à part entière sans être un sacrement, n'est pas forcément une mauvaise chose. C'est dans ce sens que la société doit faire preuve de plus de fraternité et d'un peu moins d'égalitarisme d'uniformisation.

On assiste également à d'âpres débats au sein de l'Europe concernant la question des réfugiés. Quelle est votre position ?

Il est important que le dialogue entre tous les membres de l'UE soit maintenu. La démocratie comporte diverses formes d'expression et l'on ne doit pas d'emblée condamner les divergences. Le processus culturel se développe différemment d'un pays à l'autre, c'est pourquoi il est nécessaire de dialoguer pour se comprendre. Pour ce qui est des réfugiés, leurs problèmes n'ont souvent pas été pris au sérieux en Europe. Il est évident que nous n'avons pas le droit de les laisser périr en Méditerranée et qu'il faut les aider. Mais l'Europe ne peut pas non plus les accueillir tous. Je me suis rendu au camp de Mória sur l'île de Lesbos en Grèce et je connais la situation abominable des migrants.

L'Europe n'est pas assez active au sujet de la migration. Ne pensez-vous pas qu'elle et l'Église seront jugées, dans quelques années, pour leur manque de réactivité ?

L'inaction des pays européens et leurs désaccords sont condamnables. Le pape s'est clairement expliqué à ce propos.

Par rapport à cette question complexe de la détresse des hommes d'une part et de la migration illégale de l'autre, comment procéder ?

Il est vrai que nous devons agir contre les organisations illégales. Mais il est moralement inacceptable de laisser un migrant se noyer sous prétexte qu'il a eu recours à une organisation illicite. C'est se rendre complice d'un crime. Voilà pourquoi je soutiens les groupes qui portent secours aux naufragés, parmi lesquels se trouvent parfois des prêtres.

Alors que faut-il faire ?

Le sauvetage des migrants ne doit pas conduire à un pur activisme, à une forme fallacieuse d'altruisme. Il s'agit de leur accorder l'espace que Dieu leur confère ici-bas en tant qu'êtres humains. C'est à ce titre que je viens à leur secours. Un réfugié est peut-être différent de moi, il a peut-être de la société une autre conception que la mienne, mais s'il vit ici, dans notre société, il lui faut accepter la démocratie. Nous ne devons pas non plus laisser périr en mer ceux qui la traversent animés de mauvaises intentions, mais les secourir également, car ce sont des êtres que Dieu aime. En aidant autrui, on ne fait rien d'autre que de très normal.

Que lisez-vous actuellement ? Quel livre se trouve en ce moment sur votre table de nuit ?

Ma liseuse électronique est sur ma table de nuit et je lis un polar, tout ce qu'il y a de plus ordinaire. Très captivant, mais comme je ne lis que quelques minutes avant de m'endormir, je ne sais plus le lendemain ce que j'ai lu la veille. Je ne lis que pour me changer les idées. Mais j'aime aussi les romans et il m'arrive parfois de revenir à des lectures qui ont enthousiasmé ma jeunesse, comme les récits d'aventure de Karl May. Ces ouvrages n'ont cependant plus rien à voir avec le rythme dans lequel nous vivons aujourd'hui. Le suspense dans les séries diffusées sur Netflix est tout autre. Il faut qu'à la fin un événement ait lieu qui excite l'attente et incite à regarder la suite. Et puis je me suis enfin décidé à lire *Le dit du Genji*, qui est considéré comme le tout premier roman psychologique de l'histoire. Il a été écrit au Xe siècle par une Japonaise, Murasaki Shikibu, fille d'un illustre savant et poète.

Avez-vous écrit vous-même ?

À vrai dire non. Quand j'étais jeune, j'ai passé deux ans dans une école catholique qui publiait un journal dont j'étais coéditeur. Je voulais y faire paraître un roman que j'avais rédigé, une histoire d'amour bien innocente (un baiser et rien de plus), qui ferait rire la jeunesse d'aujourd'hui. J'y racontais les rêves d'un jeune homme en pleine puberté, mais rien de dépravé. Il n'empêche que les pères en ont interdit la publication. Cela m'a vraiment mis en rogne et j'ai quitté l'école.

Le roman existe-t-il encore ?

Non, et l'école non plus.

Que pensez-vous de la réalité digitale qui se profile dans le monde entier, surtout en Europe ? Comment voyez-vous les choses ?

Ce que je vois en premier, c'est un monde dans lequel le mot écrit a de moins en moins de poids. Personnellement, je ne peux vivre sans les livres, je suis un adepte de la culture ancienne. Et en même temps, je vois comment les choses ont évolué : lorsque je m'entretiens avec des jeunes, je me rends compte qu'ils sont peu nombreux à avoir lu un livre en entier. Ils ne lisent que ce dont ils ont besoin au collège ou au lycée. Dans ma jeunesse, quand je parlais d'un livre, j'avais parfois des étincelles dans les yeux. Ils sont rares aujourd'hui les jeunes dont les yeux brillent lorsqu'ils parlent d'un livre ! Leurs yeux brillent lorsqu'ils évoquent une série qu'ils regardent sur Netflix. Qu'est-ce que cela signifie pour la proclamation de la foi ? Comment peut-on parler de la foi dans une culture où prédomine la logique mathématique et où il n'existe plus guère de logique philosophique et littéraire ? La dimension subjective prend de plus en plus d'importance. Que faut-il en penser ? J'aimerais dire aux jeunes : « Venez à la messe ! » Mais la vérité, c'est qu'elle est barbante pour eux. Ils ne la comprennent pas. Ils ne peuvent la comprendre, bien que cela pourrait être une véritable expérience pour eux. Je me plais à leur dire que c'est exactement comme lorsqu'ils mettent leur téléphone en charge : recharger un téléphone n'a rien de passionnant, mais si on veut qu'il marche, c'est indispensable. S'ils faisaient une fois une vraie bonne expérience de la messe, ils la comprendraient.

Quel genre de musique écoutez-vous ?

La musique m'accompagne toujours le matin. En ce moment, c'est surtout Mozart. J'aime aussi beaucoup l'opéra, l'opéra italien, mais Wagner également. Pas l'un après l'autre toutefois. *Tristan et Isolde* est une musique qui frôle la folie. J'aimerais un jour aller à Bayreuth. J'ai découvert la musique par moi-même. Personne ne m'y a aidé dans ma famille. Mais ma grand-mère avait une bonne radio. Un jour qu'elle n'était pas chez elle, j'ai écouté *Norma* de Vincenzo Bellini et cela m'a transporté. J'écoute souvent Bellini. Ses mélodies sont le reflet d'une douce souffrance.

5

La religion n'est pas un sport de compétition

POUR UNE NOUVELLE INCULTURATION DU MESSAGE CHRÉTIEN

Vous évoquez une nouvelle inculturation du christianisme en Europe. L'avez-vous dernièrement remarquée et où ?

C'était juste un épisode banal, mais qui, pour moi, avait son importance. Un jour que je célébrais une confirmation et qu'un groupe musical animait la messe, l'idée m'est soudain venue de danser une polonaise à l'issue de la cérémonie. J'ai donc commencé à danser et les jeunes confirmés – ils ont alors 17 ans – m'ont tous suivi. J'ai ressenti cet élan totalement spontané comme profondément religieux. Si je l'avais programmé, cela n'aurait pas fonctionné. Il a été ensuite publié sur Facebook et les croyants les plus traditionnels n'ont pas tardé à réagir : « Encore un évêque qui fayote ! » Alors que mon initiative, nullement préméditée je le répète, n'avait rien à voir avec un quelconque fayotage.

Mais il est important de s'adapter à la situation. Les jeunes, pour la plupart issus de familles traditionalistes, apprécient la messe en latin, mais aiment aussi, certains dimanches, assister à une messe rock. Ces différentes formes peuvent tout à fait coexister et ne doivent pas être mises en concurrence. Si l'une d'entre elles est perçue comme ne répondant plus à un besoin réel, elle disparaîtra de toute façon, faute d'adeptes. Si l'on veut que les jeunes se sentent responsables, il faut aussi qu'ils puissent s'exprimer. Un sermon doit pouvoir prendre la forme d'un dialogue et s'ils se rendent compte que l'évêque les écoute, ils diront eux aussi ce qu'ils pensent.

Le changement commence par la rencontre. Vous parlez toujours de votre désir de contact avec les gens. Comment faites-vous concrètement ?

J'ai déjà évoqué avec vous les voyages avec mes étudiants. J'en organise encore. C'est pour moi comme un élixir de foi. Le pape, à qui j'en ai également parlé, m'a demandé quel était mon objectif. Je lui ai répondu qu'il me serait impossible de discuter avec les jeunes si je n'apprenais pas à les connaître et que cela m'était indispensable pour proclamer l'Évangile. Lorsque je me suis ensuite agenouillé devant lui pour recevoir la barrette cardinalice, il m'a dit : « Poursuivez vos voyages avec les jeunes. »

Que vous enseignent les jeunes ?

Ils m'éclairent sur ce grand changement culturel que génère la digitalisation et dans lequel l'Église disparaît presque totalement. Mais la religiosité existe encore. Elle est toujours présente dans les séries que je regarde sur Netflix.

Et que regardez-vous ?

Surtout les séries ou les films dont me parlent les jeunes. Contrairement à eux, je n'aime pas particulièrement la science-fiction, ce mélange de réel et d'irréel, où l'on trouve une très forte connotation religieuse. Au Japon, il y a les mangas et ils m'intéressent. Pourquoi tous mes étudiants en lisent-ils ? On peut finalement les assimiler à un shintoïsme sécularisé. Les héros de ces bandes dessinées sont dotés de superpouvoirs, exactement comme les divinités shintoïstes, à la différence près que ce ne sont pas des divinités. Les besoins religieux sont assouvis d'une autre manière dès lors que les religions ne peuvent plus répondre à la quête humaine d'un sens à la vie. Si j'étais riche, j'investirais dans Netflix. Je veillerais à ce que l'entreprise réussisse à réaliser quelques belles productions de films religieux. Je ne parle pas de films sur la vie de Jésus ou sur les apparitions mariales de Fatima, ni même sur un thème directement religieux. Pourquoi par exemple ne pourrait-on pas proposer des scènes où l'on prie, y compris au cœur d'une histoire d'amour ? Nous ne pouvons certes pas empêcher les médias de nous présenter des êtres dépourvus de relation à Dieu. Alors nous devons nous efforcer de faire réapparaître dans les films la religion vécue.

Comment abordez-vous la question de la foi dans vos entretiens avec les jeunes ? Pouvez-vous nous donner un exemple ?

J'ai récemment reçu la visite d'un jeune portugais très engagé aussi socialement et politiquement, et dont les parents ne sont pas croyants. Il m'a confié qu'il n'avait pas remis les pieds à l'église depuis sa première communion, mais que la crise engendrée par la covid 19 l'avait fait beaucoup réfléchir et qu'il aimerait bien y retourner. Il m'avait écouté en podcast (j'avais été sollicité par des gens qui invitent habituellement des stars) et il avait aimé mon message. J'avais notamment déclaré que je ne pouvais pas donner de réponses toutes faites. L'Église en utilise trop pour répondre à des questions qui, la plupart du temps, ne se posent plus de cette manière-là. Concernant la foi, il vaut beaucoup mieux réfléchir avec les jeunes et chercher avec eux des réponses, plutôt que de leur rappeler sans cesse celles que donne le catéchisme classique. J'envisage maintenant de réaliser une fois par mois un podcast avec des jeunes, croyants ou non, qui auront le loisir de m'interroger sur tout. Les réponses ne seront pas préparées ; il n'y aura rien de convenu en amont. En tant qu'évêque, je dois pouvoir parler de ma foi dans un langage compréhensible par tous. Si je n'y parviens pas, je ne suis pas à ma place. Je suis conscient qu'il y a fort à faire et j'attache beaucoup d'importance à ce grand projet. La jeunesse est en quête, mais elle ne frappe pas à notre porte pour trouver une réponse.

Les questions fondamentales des jeunes au sujet de la foi sont pourtant récurrentes au cours de vos entretiens avec eux: « Y a-t-il un Dieu? Est-il important pour ma vie? » Que leur répondez-vous?

Je ne peux que leur dire qu'il est important pour moi et dans ma vie. J'ai pu en faire l'expérience alors que j'étais frappé par le coronavirus. Je présente des comorbidités (diabète, hypertension, cholestérol) et je suis donc une « personne à risques ». Lorsque j'ai été testé positif, je me suis dit que les choses allaient peut-être mal tourner pour moi. Mais cela ne m'inquiétait pas. Il faut bien mourir un jour. Un peu plus tôt ou un peu plus tard, quelle importance par rapport à la mort elle-même! Alors j'ai dit à Dieu que si mon heure était venue, j'étais prêt, mais que si ce n'était pas encore le moment, c'était bien aussi. Et je me suis alors senti littéralement porté dans la maladie. J'ai également rencontré des gens si effrayés par la pandémie qu'ils en avaient des crises d'angoisse. Ma foi en Dieu m'épargnait cette panique. Dans cette situation particulière, Dieu était donc extrêmement important pour moi. Quand l'heure viendra, je pourrai partir sans crainte. Non pas que la vie que j'ai menée me permette d'aller directement au ciel, mais la miséricorde de Dieu est tellement immense qu'il m'accueillera. Je l'espère et je le crois vraiment.

Comment l'Église doit-elle réagir en ces temps post-religieux durant lesquels la crédibilité de l'institution a si profondément souffert ?

L'Église doit surtout faire preuve d'une grande humilité. Nous nous comportons parfois comme si l'institution était sacrée : « Il y a eu des problèmes dans le passé, mais ils sont insignifiants... » disent certains. Non ! Ce n'est pas aussi simple ! L'Église est marquée par les erreurs qu'elle a commises au cours de l'histoire. Il nous faut être humbles et ne pas tout simplement dicter aux autres ce qu'ils doivent faire. Ce n'est pas chrétien. C'est même tout le contraire. Lors d'une cérémonie de confirmation, on m'a demandé si je croyais à la sainte Église catholique. J'ai répondu que ce n'était pas toujours aussi facile. Les gens ont ri et je crois que ma réponse leur a donné le courage d'affirmer eux-mêmes leur foi. Nous récitons le Credo, mais les gens comprennent-ils ce qu'ils disent ? Le leur explique-t-on lorsqu'on les prépare à la confirmation ? En général, non. Quand on parle de Dieu comme le « créateur du ciel et de la terre », ils pensent, pour la plupart, à Adam et Ève, aux sept jours, etc. Et au moment de renouveler la promesse du baptême, ils disent oui parce qu'ils veulent être confirmés. Nous ne leur expliquons pas suffisamment le sens de la foi et beaucoup d'entre eux ont une image de notre foi qui ne correspond pas à ce en quoi nous croyons vraiment. Et je ne parle pas seulement de personnes qui sont hors de l'Église.

Alors la foi a-t-elle quelque chose d'incontestable que nous pouvons dire ?

La foi est une relation au Christ. Pour être chrétien, il faut avoir cette relation. Et pour y parvenir, je dois me considérer en toute humilité comme un disciple du Christ. La foi est un voyage qui, à travers mes faux pas et la folie du monde, peut faire lentement de moi un disciple du Christ. S'il me fallait expliquer ma foi, je ne dirais pas qu'il me suffit d'être évêque ou cardinal, mais que je m'efforce avant tout d'être un disciple du Christ ; que tantôt j'y parviens et tantôt non ; que parfois même, ce sont l'Église et ses usages qui m'en empêchent. Mais je reste tout de même convaincu que je dois être un disciple au sein de l'Église, sans la rejeter. Lorsque l'on devient évêque, on met généralement en place un certain mode de vie, avec l'évêché, les collaborateurs, l'agenda. Cela m'empêche parfois de faire ce qui est réellement important, à savoir rencontrer davantage de gens, des jeunes notamment. Car comment m'entretenir avec eux si je ne les connais pas ? Ils m'apprennent beaucoup, mais je peux, moi aussi, leur apporter des choses, jouer le rôle d'un grand-père par exemple. Un grand-père n'est pas une menace. Le père, c'est l'autorité, mais pas le grand-père. Je découvre maintenant la grâce d'être un grand-père pour eux, bien que parfois, je ne sois pas beaucoup plus âgé que leur père.

Grand-père! Les jeunes ne sont-ils pas tentés de dire que tout ça, c'est de l'histoire ancienne qui ne leur dit plus rien?

À celui qui me dit cela, je réponds: je vais prier pour toi. Tu dois faire ta propre expérience. Je n'ai pas le pouvoir de te convaincre. Tu dois toi-même prendre conscience que Dieu existe et découvrir les fondements de ta foi dans ce que tu vis. Cela ne marche pas autrement.

Que peut-on dire de plus précis sur ce cheminement?

Je dis souvent aux jeunes que lorsqu'on est amoureux, on a le sentiment d'un grand bonheur. On est peut-être parfois malheureux, dans l'attente d'une nouvelle, d'un signe d'attention. En ce qui me concerne, il en va de même avec Dieu: j'aimerais vivre en sa présence. Cela m'est un soutien dans l'existence. Les jeunes doivent en faire eux-mêmes l'expérience. Je crois qu'ils y aspirent et je ne peux que l'espérer pour eux.

Où peut-on faire une telle expérience?

Nous devons nous intéresser à la prière. À Taizé, on peut apprendre à prier en apprenant à se rendre disponible à Dieu et à s'abandonner à Lui. Il faut prendre conscience que prier, ce n'est pas ânonner des mots, mais avant tout se tenir simplement en présence de Dieu. Les jeunes me demandent parfois ce que je dis à Dieu. Je leur réponds que, la plupart du temps, je ne dis rien du tout. Je suis là, simplement, avec Lui. Je leur dis que, lorsqu'on aime quelqu'un, être en sa présence est plus important que lui parler. Il y a un temps pour la parole, mais aussi un temps pour le silence, au cours duquel la relation grandit. Il en va de même avec celle que l'on a avec Dieu. Je crois que certains jeunes ont été tout à fait sensibilisés à cette dimension grâce aux entretiens que j'ai eus avec eux, mais qu'ils n'arrivent pas forcément à la mettre en relation avec l'Église. Ce qui n'a d'ailleurs rien d'étonnant, car très souvent, nous ne prions pas nous non plus dans ce sens à l'église. Nous savons réciter des prières, certes, mais pour être simplement avec Dieu dans le silence, nous avons encore du chemin à faire! En ce qui me concerne, le plus important, avant de prier, consiste à s'exposer à la présence de Dieu, comme le souligne saint Ignace dans ses *Exercices spirituels*.

À quoi ressemble alors votre prière?

Pour prier, je m'appuie fréquemment sur l'Évangile; parfois, cela m'inspire, parfois non. Comme point central de ma prière, j'ai toujours recours à un exercice suggéré par saint Ignace: je commence par me représenter concrètement le lieu où je me trouve et le rôle qui y est le mien, puis j'analyse mon état d'esprit. J'essaie d'en parler avec le Christ. Cela fait partie de ma vie, comme en font partie aussi les prières fixes. Prier le bréviaire est parfois très inspirant, mais pas toujours; d'une certaine manière, c'est trop mécanique. Cela m'empêche de me concentrer et je pense à autre chose. La prière des laudes est parfois si rapide qu'elle passe sans même que je m'en aperçoive. C'est sans doute ce qui arrive souvent à ceux qui prient. Il faut vraiment se donner le temps d'être en présence de Dieu. C'est notre tâche et notre chance si nous voulons sentir qu'il est auprès de nous.

Qu'est-ce qui vous surprend lorsque vous vous entretenez avec des jeunes?

J'en rencontre beaucoup aujourd'hui qui aiment l'adoration eucharistique – ce qui, au début, m'a quelque peu étonné. Et il ne s'agit pas simplement chez eux d'une piété comme on se la représente peut-être traditionnellement. Un jeune homme m'a confié un jour qu'il aimait l'adoration eucharistique, mais que la messe l'ennuyait. Ce qui veut bien dire qu'il ne comprend pas ce qu'est l'adoration; il ne comprend pas que c'est une action de grâce liée à l'Eucharistie. Je pense toutefois qu'ils sont nombreux à sentir, dans l'adoration, la présence de Dieu à leur côté.

Pourquoi l'adoration les attire-t-elle?

Aujourd'hui, les moments de silence font défaut dans la vie de nombreux jeunes. Or l'adoration ouvre un espace où l'on peut être là, en toute simplicité. Le sentiment d'être accepté a également son importance, et il serait bien que les prêtres, eux aussi, puissent réellement accepter les gens! « Ne jugez pas! » Elle est capitale, cette exhortation de Jésus. C'est l'Évangile à l'état pur. C'est le mystère de la pastorale et de la proclamation à aimer les hommes tels qu'ils sont, sans immédiatement vouloir les remodeler. C'est également l'aura particulière que dégage le pape actuel: les gens ressentent, quand il va vers eux, qu'il les aime.

Peut-on se faire une idée plus précise de Dieu? Qui est-il exactement pour vous?

C'est l'amour incommensurable que reflète le visage du Christ. J'explique toujours aux jeunes que je prépare à la confirmation que Dieu aime chacun d'eux comme s'il était seul au monde. Et qu'il peut le faire avec tous les êtres, car il embrasse du regard non seulement la terre entière, mais aussi toute l'histoire. Il peut donc aimer tous les hommes de cette manière unique et particulière. Ce que nous ne sommes peut-être même pas capables de faire pour une seule personne, et encore moins pour toute la vie. Notre histoire d'amour est beaucoup plus réduite.

Mais comment peut-on se représenter un être tel que Dieu ?

Je prends souvent l'exemple de l'ordinateur. Un ordinateur, qui peut exécuter plusieurs programmes différents en même temps, a donc un pouvoir qui nous dépasse largement et qui peut faire penser certains à Dieu. Mais Dieu n'est pas seulement beaucoup plus puissant encore que l'ordinateur. Il ne se contente pas de traiter des données, il crée la vie. C'est aussi un être personnel, libre et capable d'aimer. C'est pourquoi je répète sans cesse aux jeunes que Dieu ne les aime pas uniquement s'ils vont à l'église et font de bonnes choses. Dieu les aime tout autant s'ils jouent au football ou s'ils disent des âneries quand ils sont ensemble. Dieu aime chacun d'eux et chacun l'étonne. Dieu les aime même s'ils font des erreurs, et son amour se transforme alors en pardon. Mes propos en surprennent plus d'un. Mais l'amour de Dieu n'a rien de trivial et c'est pourquoi nous devons vivre fraternellement. La fraternité, c'est l'amour du prochain à un niveau universel. Le pape ne dit-il pas : soyez proches de ceux qui tentent de traverser la Méditerranée, soyez proches de ceux qui subissent les changements climatiques, soyez proches de ceux qui souffrent de situations économiques injustes !

Il nous faut donc vivre dans la fraternité pour aider notre voisin quel qu'il soit et où qu'il soit ?

Tout comme le bon Samaritain s'est fait le prochain de l'homme tombé aux mains de brigands, nous devons nous efforcer de nous faire le prochain de notre voisin.

Vous décrivez, par rapport à la foi, une attitude qui, comme vous le dites, n'a justement pas grand-chose à voir avec l'Église. Pourquoi ?

Notre plus grave erreur est d'avoir fait de notre religion une affaire de performance, un sport de compétition pourrait-on même dire. Je dois apprendre et savoir des choses, je dois croire en certaines choses, je dois m'améliorer dans l'observation des règles – c'est fatigant. Non seulement cette idée de performance est dissuasive, mais elle est fausse. Qu'est-ce que Dieu attend de toi ? Je ne peux le dire. Il serait bien présomptueux de ma part de dire à un jeune que Dieu attend ceci et cela de lui.

Mais n'est-ce pas justement ce que revendiquent l'Église et le magistère ?

Je ne crois pas que Dieu me communique ce qu'il attend concrètement de tel ou tel. Il le transmet lui-même à chacun de nous et c'est à nous de capter le message. Si je veux être un bon berger, ma tâche revient à aider les jeunes à découvrir en eux la volonté divine et à la prendre en compte, tout en veillant à ne pas la supplanter par la mienne.

Mais l'Église a pourtant établi des règles qu'elle déclare être nécessaires au salut.

On doit toujours reconsidérer ces règles. À quoi servent-elles si, quand bien même auraient-elles un fondement logique, personne ne les comprend ? Et si les gens ne les comprennent pas, ce n'est pas parce qu'ils n'en sont pas capables, mais parce que la façon de penser qu'elles sous-entendent ne peut plus être comprise.

D'où vous vient la prise de conscience de ce qu'il faut avoir une attitude humble ?

C'est le principe même promu par saint Ignace.

Mais vous n'avez pas grandi sous l'emprise de ce principe. N'avez-vous jamais ressenti l'Église comme un vis-à-vis qui attend quelque chose de vous ?

Si ! Et j'ai toujours énergiquement refusé. Quand j'étais au lycée, un certain nombre de mes camarades allaient réviser leur baccalauréat dans un monastère proche. J'ai voulu faire comme eux. Je trouvais que c'était une bonne idée, que l'on pouvait aussi y prier. Et puis on m'a rapporté que le père abbé aurait dit : « Tiens, tiens, Hollerich est intéressé par la prêtrise. Voyons voir comment nous pourrions l'attirer ! » J'étais si indigné que cela m'a enlevé toute envie d'y retourner. À une autre occasion, c'est un jésuite qui m'a proposé des exercices spirituels. Mais j'ai senti que, loin de vouloir m'aider, il cherchait à m'attraper dans ses filets. J'ai bien sûr immédiatement décliné son offre.

Nous voilà arrivés au thème de la liberté. Nombreux sont ceux qui ont l'impression que l'Église veut les priver de leur liberté.

Exactement. Et c'est le contraire de ce que nous devrions faire. L'évêque que je suis est là pour aider à ce que naisse un espace de liberté permettant à Dieu d'agir dans le cœur des hommes et dans lequel je ne dois pas m'immiscer. Cette relation, saint Ignace la décrit dans ses *Exercices* de la manière suivante : l'Esprit Saint guide et donne les exercices, le prêtre accompagne seulement. Le récit des pèlerins d'Emmaüs en est une très belle description. Jésus leur explique l'Écriture, mais il les écoute aussi. Il ne dit pas : « Maintenant, c'est fini, retournez à Jérusalem ! » Au contraire, il les laisse faire l'expérience de sa proximité – notamment lorsqu'il rompt le pain et que leur cœur brûle à l'entendre leur ouvrir l'Évangile. Et cela produit son effet. Ils n'ont plus alors besoin de le voir en personne, ils l'ont reconnu et savent désormais ce qu'ils doivent faire, et en toute liberté. Lorsque j'ai été pendant un certain temps responsable des vocations de jésuites au Japon, je me suis trouvé face à deux candidats. Mon expérience me donnait à penser qu'ils n'avaient, ni l'un ni l'autre, vocation à devenir prêtres. Mais je ne le leur ai pas dit. Ils devaient s'en rendre compte eux-mêmes. C'est ce qui s'est produit et ils ont fait tous deux un mariage heureux.

Mais l'homme moderne rétorquerait que, puisqu'il est totalement autonome, il n'a pas d'abord à rechercher la volonté divine.

Il peut expérimenter cette démarche. Je ne veux ni ne peux rien lui dicter. Si c'est ce qu'il pense, qu'il essaie ! Mais je ne veux pas détruire la passerelle, rompre le dialogue avec lui. Que dois-je lui dire ? « Vas-y, suis ta voie, ce n'est plus la peine que l'on se revoie, salut ! » Non, lui aussi peut m'apprendre des choses. Et dès lors que j'apprends, je deviens plus sensible et mes idées peuvent elles aussi changer. Prenons l'exemple de l'homosexualité. Quand j'entreprends un voyage avec les jeunes, je me conduis avec eux comme un père. Or, si mon fils ou ma fille fait soudain son *coming out*, je ne lui dis pas : « Je regrette, mais tu quittes cette maison. » Je continue à l'aimer et je tente de comprendre ses sentiments et sa vie. Et je crois que, pour les jeunes que j'accompagne, je dois être un père capable de changer pour comprendre ses enfants. Je ne puis, sinon, être leur berger au sens religieux du terme. Cela ne veut pas dire que je dois être d'accord avec tout ce qu'ils font, mais il faut parfois tolérer ce qui ne nous semble pas conforme et leur faire confiance, leur laisser la liberté, exactement comme le père miséricordieux laisse partir le fils prodigue. Il aurait – peut-être ? – pu l'en empêcher en lui disant: « Tu dois mener une vie bonne, ici, à la maison. » Mais jamais alors ne serait née cette relation de tendresse qui s'est manifestée à son retour. Avoir confiance en les hommes, c'est avoir confiance en Dieu.

Comment faites-vous avec d'un côté les catholiques plus progressistes et ceux qui sont en quête, et, de l'autre, ceux qui sont plus traditionnels, très convaincus par ce qu'était et ce qu'est l'Église ?

Tout d'abord, je pense aussi qu'en ce qui me concerne, Dieu m'a appelé et que s'engager sur une telle voie permet d'acquérir une certitude. Si cette certitude est ancrée au plus profond de soi, il n'y a pas de problème. Elle peut alors être bonne. Dieu ne cesse d'appeler les hommes. Et s'ils entendent l'appel, s'ils se mettent en route ensemble, il se passe quelque chose: le salut a lieu. Cela, je le constate également chez les catholiques conservateurs et chez les progressistes. Je suis bien l'évêque de tous.

Mais comment vous y prenez-vous avec certains courants et mouvements conservateurs, comme le Chemin néocatéchuménal, qui est présent également au sein de votre diocèse ?

Mon avis n'est pas ce qui importe. Je suis avant tout le berger de tous. Je ne suis pas habilité à dire: « Vous avez créé un mouvement qui ne me plaît pas, je le dissous, ou bien je l'exclus de mon diocèse. » Je suis ouvert à toutes les orientations.

Lorsque les chrétiens se rassemblent, qu'ils soient conservateurs ou progressistes, ce que je souhaite voir en tout premier lieu, c'est que l'Esprit Saint est à l'œuvre. Alors seulement je peux poser des questions, si j'en ai, mais toujours avec le respect nécessaire. Un évêque ne devrait pas imposer d'office un programme de réformes pour son diocèse. Cela ne marcherait pas. Combien d'ouvrages ont déjà paru à partir d'approches les plus diverses de la théologie pastorale, dont aucune n'a réformé l'Église ! Ce qui ne veut pas dire que c'est parce que la théologie pastorale en question n'est pas bonne que ces livres n'ont pas eu de répercussions. Mais je dois me demander : comment l'Esprit de Dieu agit-il dans mon diocèse ? Où naît quelque chose de nouveau ? Où puis-je aider et éventuellement corriger ? Les gens sont confiés à ma sollicitude pastorale, mais cela ne veut pas dire que je sais, dans tous les cas, ce qui est bon et ce qui est mauvais pour eux. Je ne suis qu'un homme moi aussi. Je dois veiller à ce qu'ils puissent grandir et s'épanouir.

Mais se contenter de rester dans l'expectative ne sera d'aucune aide. Nous avons affaire aujourd'hui à un ébranlement radical du christianisme. Que faut-il faire ?

Le danger est réel : le christianisme en Europe pourrait presque disparaître à plus ou moins long terme. Il se réduit en tout cas à une vitesse affolante. Dans bien des paroisses où je me rends, je suis le plus jeune. À un certain moment, nous avons perdu le contact avec la réalité. Il y a partout de mauvaises habitudes et un professionnalisme médiocre. J'ai récemment célébré une messe, pas avec des conservateurs mais plutôt avec des post-soixante-huitards, qui chantaient et parlaient exactement comme dans ma jeunesse. Je me suis vu dans une machine à remonter le temps. Ils pensaient être progressistes, mais ne faisaient que transmettre indéfiniment leurs façons de voir. Tout cela est bien sûr évident chez les conservateurs, mais on le constate aussi chez les autres. Revenu, après un long séjour à l'étranger, dans la paroisse où il avait été curé, un prêtre m'a dit avoir été consterné de voir qu'on y concevait et mettait en œuvre la pastorale comme de son temps, que le programme n'avait pas changé en vingt ans, et que la seule différence, c'est qu'ils étaient tous plus âgés, qu'il n'y avait plus d'enfants ni de jeunes adultes. Alors, que faut-il faire? Au premier chef, cette situation doit vraiment peiner et interpeller le prêtre que je suis. Je dois m'y confronter résolument et, en luttant ainsi avec Dieu et les hommes, trouver des idées pour sortir de l'isolement et établir un contact vivant avec les gens. C'est à nous d'aller les chercher là où ils sont, comme il y a deux mille ans. Or, que faisons-nous aujourd'hui? Assis dans l'église, nous attendons qu'ils viennent; et s'ils ne viennent pas, nous pestons contre eux. C'est confortable, mais nous nous méprenons. Ce n'est pas ainsi que le Christ a agi. Il serait encore à Nazareth aujourd'hui s'il avait eu ce comportement. Aller vers les gens, conscients que ce n'est pas nécessairement le diable qui les attire là où ils vont, doit être notre mot d'ordre. Si je me rends à un concert rock et que je sens que c'est important pour ceux qui s'y trouvent, c'est que Dieu y est à l'œuvre, et je peux en tirer les leçons.

Mais je vais vous poser la question autrement: le christianisme a-t-il encore quelque chose à offrir à l'Europe?

Un renouveau et de la joie, car l'Europe n'est pas gaie. L'Europe est en manque d'une véritable joie, d'un vrai bonheur. On n'y souffre pas réellement parce que l'on se porte bien matériellement, en tout cas pour la plupart. Mais à part cela, les gens sont vraiment tristes. La pandémie actuelle a confirmé le fait que dès que la situation se dégrade, on devient vite malheureux et désemparé. Par ailleurs, le thème de la mort, la crainte qui a hanté les existentialistes, refait soudain surface. Nous pourrions très bien vivre sans penser à tout cela, mais dès que nous sommes privés de tous nos jouets, l'angoisse existentielle s'empare subitement de nous.

Et qu'est-ce qui résulte de tout cela pour la question religieuse en Europe?

Il faut bien reconnaître que la religion n'occupe plus aujourd'hui qu'une place réduite dans l'identité européenne, et surtout pas la plus importante. Bien des catholiques se plaisent encore à penser que l'Europe est chrétienne, mais c'est une grave erreur. Naturellement, nous connaissons de nombreuses valeurs chrétiennes, mais nous-mêmes n'en avons pas toujours été les plus ardents défenseurs. Et si certains affirment que la foi, le dogme ou l'enseignement de l'Église ne peuvent plus évoluer, ce n'est rendre justice ni à la religion ni au monde. Il faut que la raison reprenne ses droits pour que la foi soit mieux comprise. Il peut certes parfois aussi y avoir un excès de raison, mais le fondamentalisme est toujours borné et stupide.

Si donc la foi a besoin de la raison, la théologie s'avère nécessaire. Mais la théologie a été en grande partie refoulée par la société, par les milieux intellectuels. Comment peut-elle à nouveau être efficace et avoir de l'influence ?

Tout dépend, en premier lieu, de la manière dont nous vivons le christianisme. Il nous faut dialoguer et prendre en compte ce qui ressort des débats. Nous ne devons pas nous contenter de parler avec ceux qui sont du même avis que nous.

À quel moment au juste avons-nous raté le coche ? Alors que Vatican II était déjà le signe d'un profond renouveau, la situation est bien plus dramatique aujourd'hui.

La situation de l'Église serait encore pire, voire catastrophique, s'il n'y avait pas eu le Concile. Nous nous sommes trop reposés sur des modèles déterminés, sur une certaine faisabilité technique de l'Église. Mais les idées lumineuses ne nous sont pas conférées automatiquement par la grâce sacramentelle. En tout cas, pas en ce qui me concerne. Après le Concile, nous avons cessé d'être en quête, nous avons perdu, à un certain moment, le courage d'aller vers les gens. Nous ne nous sommes pas inspirés du comportement du bon berger de l'Évangile qui part à la recherche de la brebis égarée. Mais il ne reste plus aujourd'hui qu'une seule brebis, les quatre-vingt-dix-neuf autres sont parties et il faut les retrouver. C'est une tâche ardue, mais elle pourrait sans doute être menée à bien à l'aide de la seule brebis restante qui sait peut-être où se trouvent les quatre-vingt-dix-neuf qui manquent à l'appel.

Quand vous êtes-vous clairement rendu compte de la situation catastrophique du christianisme en Europe ?

J'en suis conscient depuis assez longtemps déjà. Dans mon souvenir, beaucoup d'enfants venaient à l'église. Lorsque je suis rentré du Japon, il n'y en avait plus un seul à la messe. Les prêtres disent que s'ils exigent des enfants qu'ils y viennent avant de faire leur première communion, cela énerve les parents. Mais se résigner ne mène nulle part. Il faut plutôt s'y prendre autrement et dire aux parents que, dans ces conditions, une première communion n'a aucun sens. Les prêtres sont frustrés de voir qu'ils ont beau expliquer cela aux gens, ceux-ci ne viennent pas pour autant avec joie à la messe. Et je comprends parfaitement qu'ils n'y viennent pas s'ils ne saisissent pas le rapport que peut avoir la messe avec leur vie et celle de leurs enfants. Si pour eux il s'agit seulement d'une sorte de tour de magie, cela ne vaut pas la peine d'y participer. Pour nombre d'entre eux, la messe dominicale n'est plus qu'un rite vide de tout sens.

Mais les rituels ont aussi de bons côtés, n'est-ce pas ?

Bien sûr ! Ils apportent une certaine sécurité. L'être humain a besoin de rituels et pas seulement de rituels religieux. Moi, par exemple, j'en observe un bien précis chaque matin en buvant mon café, et si un grain de sable vient enrayer la mécanique, cela me met de mauvaise humeur. Comme pour moi le café du matin, la messe est un rituel pour bien des gens, des seniors notamment (mais pas pour tous, bien sûr). Je n'ai pas foi en mon café et eux n'ont pas foi en la messe. Alors il faut que celle-ci s'inscrive de manière précise dans leur emploi du temps, qu'ils puissent y compter toujours à la même heure et au même endroit. Ce que je déplore chez beaucoup de seniors (j'exagère un peu, naturellement), c'est que les enfants et les jeunes gens ne leur manquent pas ou plus du tout. Ils se suffisent à eux-mêmes. Cette attitude des prêtres et des fidèles est pourtant contraire à celle du Christ.

Où faites-vous concrètement le constat de cet égocentrisme ?

Durant la pandémie, j'ai interdit la communion sur les lèvres. Cela m'a valu un tas de lettres de fidèles en colère qui ne voulaient même plus communier. Nous avons trouvé une manière de distribuer l'Eucharistie en évitant tout contact direct. On dépose l'hostie sur un purificatoire que les fidèles portent ensuite à la bouche sans toucher l'hostie. Ils le déposent dans une corbeille après la communion et il est ensuite lavé. Je ne trouve pas cela très agréable, mais si cela aide les gens, pourquoi pas. Malgré tout, certains fidèles ne viennent plus communier. Si la manière de recevoir la communion est plus importante que le sacrement de l'Eucharistie lui-même, il y a quelque chose qui m'échappe ! Le sacrement est alors réduit à une forme de piété personnelle : moi et mon Jésus. Et il faut beaucoup d'imagination pour lire cela dans le Nouveau Testament ! Jésus procède et agit au contraire en communion avec les disciples. Nous avons part alors au corps du Christ, nous devenons le corps du Christ. « Vous ferez cela en mémoire de moi » signifie que nous devons vivre et œuvrer conformément à cette communion, être capables également de donner notre vie pour les autres. Si tout cela disparaît complètement et que ne subsiste qu'une piété personnelle, celle-ci se transforme en phénomène individualiste postmoderne.

Vous évoquez une nouvelle inculturation du christianisme. Comment voyez-vous les choses ? Avec un synode européen spécifique, par exemple, après que le pape a partout invité à réfléchir au thème de la synodalité ?

En effet, nul n'est en mesure de venir seul à bout de la tâche d'une nouvelle inculturation du christianisme. La participation de toutes les Églises locales est nécessaire pour y parvenir. Certaines sont trop centrées sur le pays où elles sont implantées. Pour mieux cerner et résoudre le problème de la sécularisation, nous ne pouvons avoir une solution allemande, une française, une polonaise, une espagnole. C'est absurde et profondément non ecclésial. Il nous faut donc collaborer de nouveau davantage. Un synode européen serait bienvenu, mais cela va demander du temps.

Vous avez dit que les gens ne comprennent plus notre langue, mais la langue traduit une pensée. Alors, que faut-il changer ?

Il faut, par exemple, changer enfin le regard que nous portons sur la sexualité. Lorsque je parle longuement avec les jeunes, je me rends compte qu'ils savent très bien ce qu'est le péché. Mais la plupart du temps, cela n'a rien à voir avec la sexualité. Ils font beaucoup d'expériences dans ce domaine, ce qui n'est pas forcément une mauvaise chose. Je ne le ferais pas, moi personnellement, mais je ne suis pas non plus un jeune homme d'aujourd'hui. Mais si, dans un premier temps, je les accepte tels qu'ils sont, peut-être peuvent-ils aussi accepter ce que je leur propose. J'annonce le Christ ; mon rôle n'est pas, au premier chef, de prêcher la morale. Personne ne supporterait que j'arrive avec mon bagage théologique et que je déballe simplement tous les principes de la foi. Il faut qu'il y ait une transmission vivante.

Au cours des cinq dernières décennies, le sixième commandement a continué à jouer un grand rôle dans l'éducation religieuse.

Oui, et j'en discute aussi avec les jeunes lorsqu'ils abordent d'eux-mêmes le sujet. Je ne les oblige pas à parler de sexualité, mais j'aime à leur indiquer qu'une relation solide est quelque chose de très important. Et ils l'entendent. Mais ils se refusent à comprendre une Église qui ne cesse de brandir un doigt moralisateur. Ce message-là, ils ne l'acceptent pas. Nous – c'est-à-dire l'Église – ne sommes d'ailleurs pas meilleurs que les autres. Pourquoi devrions-nous prêcher la morale avec insistance? Quand je pense aux abus sexuels au sein de l'Église, j'ai honte! Je serais la risée de tout le monde si je commençais à leur parler de morale.

Vous avez mentionné la morale sexuelle et l'évangile de l'amour. Cela veut-il dire qu'il faut changer le catéchisme?

Je suis convaincu que nous devons le formuler différemment. Je suis très heureux que le pape François ait rejeté la peine de mort comme possible châtiment. Je lui avais également déjà écrit dans ce sens. Dans le catéchisme, l'Église a énoncé bien des choses sans réfléchir suffisamment aux conditions préalables. Nous ne savons même plus comment nous en sommes arrivés à telle ou telle doctrine. On a longtemps cru que la semence masculine contenait tout l'être humain, et que la femme ne faisait que la recevoir. Que la masturbation était donc un terrible péché, car c'était pour ainsi dire la destruction d'une vie humaine. Et nous avons continué à le professer, alors qu'il n'y avait plus aucune raison de le faire. Alors certes, la masturbation n'est pas la forme la plus noble de l'amour humain, mais là n'est pas la question. L'Église doit plutôt comprendre la fragilité des êtres humains, et surtout des jeunes. On n'a pas le droit de les charger du poids d'une morale qu'ils ne peuvent et ne devraient pas porter.

On peut d'ailleurs se demander pourquoi ils devraient supporter ce poids. La morale est-elle aussi l'expression de l'Évangile ?

En effet, certaines des représentations qui nous ont été transmises ne sont pas bonnes, car elles ne sont pas en cohérence avec le sens profond de l'Évangile. Bien des choses sont également liées à une culture définie et en portent la trace. Ce qui pouvait être éventuellement acceptable autrefois dans un certain milieu ne l'est plus aujourd'hui. Nous devons laisser tomber les principes moraux destructeurs qui peuvent engendrer des monstres

– ce qui peut d'ailleurs être l'une des causes de la violence sexuelle. Face à une telle morale coercitive, certains abandonnent le tout et se sentent alors honnêtes, libérés aussi. Une telle morale sexuelle va cependant à l'encontre de la mission de l'Église. Je ne suis pas là pour enseigner une morale, mais pour proclamer le nom du Christ.

Un jour, un évêque conservateur a déclaré que tout ce en quoi il avait cru au cours des cinquante dernières années ne pouvait quand même pas être une erreur. Certains éprouvent ainsi une blessure profonde.

C'est aussi un sentiment que je ressens personnellement, et auquel il faut faire face. Tout n'était certes pas infondé, mais bien des idées étaient tout simplement fausses, et ce même avant les cinquante dernières années. À cette époque déjà, il existait un savoir plus éclairé mais qui n'avait pas encore cours dans les cercles catholiques. Nous sommes prisonniers d'une morale bourgeoise datant du XIXe siècle et qui n'est assurément pas une morale biblique. J'ai également abordé dans mes cours des thèmes tels que l'histoire du mariage. En Europe, on ne se mariait dans les villages que lorsque la femme était enceinte. On en a la preuve même dans de nombreuses églises, sur des tableaux anciens représentant par exemple le mariage d'Anne et Joachim. On voit qu'Anne est enceinte, et à cette époque-là, c'était normal. À personne au sein de l'Église ne serait venue l'idée de considérer cette pratique comme intolérable. Cette « morale bourgeoise » est une nouvelle doctrine qui ne relève pas de la tradition catholique ancienne. C'est un fruit de la religion embourgeoisée en Europe centrale. Du reste, ce n'est pas une affaire purement chrétienne ; la Révolution française était très moralisatrice elle aussi.

La condamnation de l'homosexualité, justement, fait l'objet d'une bataille culturelle dans le monde entier, y compris au sein de l'Église catholique.

Ceux que l'on appelle les catholiques ultra-conservateurs sont eux-mêmes un phénomène issu de la postmodernité. La tradition vivante ne les intéresse pas du tout, mais ils choisissent de manière ciblée des bribes hétérogènes du catholicisme. Ils se sentent bien dans leur bulle, et puisqu'ils disent tous la même chose leur identité y est confortée. J'aimerais bien – Dieu le fait déjà – me glisser dans les pensées et dans la conscience de ces gens pour voir s'ils vivent vraiment comme ils le disent. Il y a ici, à Luxembourg, les Guides et Scouts d'Europe, des groupements très conservateurs qui comptent de nombreux Français. Je consacre du temps à ces jeunes qui ne correspondent pas toujours à l'idée que se font d'eux leurs parents conservateurs, certains leur racontant uniquement ce que ceux-ci ont envie d'entendre. Ce même phénomène se retrouve dans bien des séminaires qui forment des prêtres : on se polarise sur la morale sexuelle. Les autres péchés sont peu abordés. En un mot, c'est idiot.

La question de l'homosexualité risque également de faire échouer d'autres religions. La transformation à mettre en œuvre a-t-elle une chance sur le plan mondial? Qu'en pensez-vous, vous qui connaissez très bien l'Église universelle?

Bien sûr, cela ne va pas être simple et il va falloir du temps. J'ai trouvé très judicieux que le pape insiste pour que les partenariats civilement enregistrés soient inscrits dans le droit séculier. L'inflexibilité de l'Église dans ce domaine était probablement erronée. Les homosexuels doivent avoir les mêmes droits que tous les autres. Cela va de soi. On aurait pu éviter d'en arriver à vouloir copier les structures hétérosexuelles du mariage.

Est-ce comparable au débat sur la contraception? Des revendications maximales en ont totalement détruit la crédibilité.

Aux jeunes que je prépare au mariage, j'explique *Humanae vitae*[1] de la manière suivante. Se marier, c'est aussi accepter l'arrivée d'enfants et leur nombre ne doit pas être déterminé par un égoïsme mal fondé des parents. Mais je ne suis pas là non plus, en tant qu'évêque, pour

1. *Humanae vitae*: encyclique du pape Paul VI sur la régulation des naissances (NdT).

donner des consignes. De plus, dans *Humanae vitae*, le concept de « nature » pose problème. Nous savons depuis lors que la pilule n'est pas l'idéal pour la femme, mais en médecine on est toujours confronté à des effets secondaires et il ne viendrait pour autant à l'idée de personne de la critiquer comme non naturelle. Ne dois-je pas aussi prendre au sérieux la créativité de l'homme en tant qu'image de Dieu ?

Quel lien y a-t-il entre la morale sexuelle catholique établie et la crise des abus sexuels ?

Nous devons rester prudents et ne pas voir systématiquement de simples rapports de cause à effet. Mais je pense que là encore, il y a des associations qui ne sont pas bonnes. Il nous faut dépasser un certain blocage. Je ne peux vivre mon célibat que si j'ai conscience d'être une créature sexuée. Ce n'est pas parce que je suis prêtre que je ne peux pas tomber amoureux. Mais si cela m'arrive, je dois clarifier la décision que j'ai prise pour ma vie, comme doit sans doute le faire aussi un homme marié. Je vais aller à la chapelle et prier Dieu pour qu'il change mon regard sur la femme dont je suis amoureux, et pour partager le regard que Dieu porte sur elle.

Cela ne va-t-il pas vous rendre encore plus amoureux ?

(*Il rit.*) Peut-être, mais différemment, parce qu'au lieu de refouler mes sentiments, je vais les aborder consciemment. Suivre son chemin avec l'aide de Dieu est tout autre chose qu'être dominé par un blocage. Même en tant que célibataire, je peux être en accord avec moi-même et disposer d'une liberté me permettant d'avoir de bonnes relations avec tous.

Quel rôle joue la conception du ministère des clercs ?

Nous n'avons pas pris la bonne voie en devenant une Église trop exclusivement centrée sur les prêtres. La prêtrise est importante et c'est également un sujet qui me touche particulièrement. Je crois au caractère sacramentel de l'Église, mais cela ne veut pas dire que les prêtres doivent tout régenter. Nous copions toujours la société dans nos structures, mais avec quelques siècles de retard. Nous en sommes aujourd'hui à un système monarchique dans lequel, au bas de l'échelle, le prêtre détient en partie la fonction de monarque absolu. Le premier concile du Vatican a attribué ce rôle au pape et Vatican II l'a étendu aux évêques, avec ce mot d'ordre : pleins pouvoirs à l'évêque. Avec la synodalité préconisée par le pape François, nous allons vers une Église où les êtres, hommes et femmes, ont par eux-mêmes une autorité. Si un chrétien veut s'exprimer, il ne doit pas avoir besoin d'y être autorisé par l'évêque. Par sa création à l'image de Dieu et sa dignité humaine, le chrétien a une autorité qui lui est propre.

Si vous portez le regard sur votre fonction de prêtre, y a-t-il dans votre vie une rupture qui vous a fait prendre conscience que nous vivons dans une ère nouvelle ?

Oui, et il y en a même eu plusieurs. Je viens d'un petit village attaché aux traditions. Je sais aujourd'hui que le monde de jadis ne peut être maintenu. J'ai appris à réviser ma pensée en partant du fait que la réalité a changé et qu'il me faut l'accepter. Dans le temps, j'étais un ardent défenseur du célibat pour tous les prêtres. Aujourd'hui, je souhaite l'ordination sacerdotale de *viri probati*[1]. Et ce n'est pas de ma part une parole en l'air. Je le souhaite vraiment. Cela dit, c'est un chemin difficile pour l'Église qui peut voir en cela une rupture. L'une des raisons qui a incité le pape à ne pas autoriser les *viri probati* après le synode sur l'Amazonie peut venir de ce qu'ils ont été réclamés de manière trop tonitruante et que le synode a été trop fortement réduit à cette question. Je pense que nous devons avancer dans cette direction si l'on ne veut pas, à brève échéance, ne plus avoir de prêtres du tout. À long terme, je peux très bien imaginer que nous allons prendre la voie de l'Église orthodoxe, pour laquelle seuls les moines sont astreints au célibat.

1. *Viri probati* : hommes mariés, d'âge mûr, ayant fait leur preuve sur le plan chrétien qui seraient en mesure d'exercer le ministère des prêtres dans certaines situations (NdT).

Comment expliquez-vous ce manque de jeunes prêtres ?

Je l'attribue à de multiples raisons : à la difficulté d'être chrétien dans notre société, aux paroisses qui ne comptent plus d'enfants ni d'adolescents, au célibat également, et malheureusement aussi au comportement de certains prêtres actuels qui ne sont peut-être pas à l'aise dans le rôle qui est le leur et qui a sensiblement changé. Certains regrettent en partie les temps passés et en sont malheureux. Quel jeune pourra se sentir appelé au sacerdoce s'il voit que ceux qui exercent cette profession ne sont pas heureux ? Il faudrait être bien masochiste pour les prendre comme modèles ! Un jour, j'ai demandé à un servant de messe s'il ne voulait pas devenir prêtre. Il m'a regardé, effaré, et m'a répondu : « Mais je ne suis pas homo ! » Pour lui, la prêtrise était liée à l'homosexualité. Je n'ai rien contre les prêtres homos, mais ils ne devraient pas représenter au sein du clergé un groupe plus important que dans la population. La situation sera sans doute différente dès lors que les homosexuels seront plus largement acceptés dans la société civile.

Et quel est votre avis sur le diaconat féminin ?

Je n'ai rien contre, *a priori*. Mais les réformes doivent reposer sur un fondement solide. Si aujourd'hui le pape autorisait sans plus de formalité les *viri probati* et les diaconesses, le danger d'un schisme serait immense. Je ne parle pas seulement de la situation en Allemagne où ne se scinderait probablement qu'une petite partie. En Afrique ou dans des pays comme la France, les évêques seraient nombreux à ne pas être d'accord. Le pape n'a rien contre les conservateurs s'ils sont ouverts aux leçons que prodigue la vie. Comme il n'a rien non plus contre les réformateurs, à partir du moment où ils ne perdent pas de vue l'Église dans son ensemble. Et il ne veut pas assister au sein de l'Église à des querelles de factions. J'ai parfois l'impression que les évêques allemands ne comprennent pas le pape. Il n'est pas libéral, il est radical, et c'est la radicalité de l'Évangile qui peut conduire au changement.

On s'en tiendrait donc à une réforme des structures. Mais si celles-ci sont effectivement encore monarchiques, comme vous le dites, ne faut-il pas les modifier elles aussi ?

Si, bien sûr, mais il doit y avoir un consensus. Il nous faut impliquer un maximum de gens dans la démarche. Et puis il ne s'agit pas de faire des référents pastoraux un clergé de seconde classe. Il ne doit pas y avoir un clergé d'ordonnés et de non-ordonnés, mais c'est au cléricalisme tout court qu'il faut mettre fin, chez les prêtres comme chez les laïcs.

Mais comment entraîner les gens? Certains sont impatients, d'autres en colère et d'autres encore abandonnent.

En tant qu'évêque, j'essaie de ne pas me trouver coupé du contact avec les gens ordinaires, car dans cette fonction, on peut très vite être amené à ne plus rencontrer qu'un cercle restreint d'individus qui vous font miroiter une réalité qui n'existe pas. Un évêque a absolument besoin du contact avec les croyants et les non-croyants issus de couches sociales différentes. Si l'on ne reçoit plus cet écho extérieur, on se retrouve vite prisonnier de querelles ecclésiales internes, dans lesquelles seuls deux camps s'affrontent. À cet égard, la situation allemande a une dimension dramatique qui n'est ni utile ni nécessaire.

De nombreux évêques sont accusés d'avoir notamment dissimulé des violences et des abus sexuels. Comment jugez-vous rétrospectivement leur comportement ?

Dans l'ensemble, leurs réactions ont été plus ou moins similaires à l'échelle mondiale. Il s'agit donc en fait d'une défaillance structurelle : tous ont globalement couvert les faits, donc vraiment mal réagi ; l'Église entière a mal réagi. Ils n'ont pas mesuré, ou pas voulu mesurer l'ampleur de cette violence, ni non plus la souffrance des victimes. Ils ont refoulé, passé sous silence, ou minimisé des faits qui leur ont souvent été révélés par une lettre ou par leur secrétaire. Même si cela n'est pas une excuse, le non-dit concernant les abus sexuels était naturellement aussi monnaie courante à ce moment-là au sein de la société, ne serait-ce par exemple que dans les familles.

En Allemagne, la crise des abus a également été le point de départ de discussions sur de nécessaires changements au sein de l'Église. Quel regard portez-vous sur la perspective d'une démarche synodale ?

Je partage volontiers la position de Tomáš Halík. Les réformes structurelles ne doivent pas être seules au centre des discussions. L'Église est appelée aussi à « sortir de son confinement spirituel ». Si une lutte n'aboutit qu'à des réformes, les choses peuvent rapidement se retourner. Tout dépend alors de l'influence exercée par tel ou tel groupe, et on ne sort pas du cercle vicieux.

Or l'Église n'est pas un espace exempt de domination.

Conformément au terme latin *ministerium* (service, ministère), le prêtre est ordonné pour être « au service de ». Ce service peut être aussi celui d'un *leadership*, à condition que son détenteur n'oublie jamais qu'il ne l'a pas reçu parce qu'il est le meilleur ou le plus intelligent, et qu'il est seul à savoir comment s'y prendre. Il ne peut l'accomplir que s'il aime les gens et s'il les écoute. Il ne s'agit pas pour lui d'être d'accord avec tout, mais d'affronter les choses. Le chef d'une paroisse doit s'exposer à l'amour de Dieu et de la communauté.

En pensant à l'avenir de l'Église, si vous ne deviez n'attribuer qu'un seul mot à chaque domaine, lequel choisiriez-vous ? Commençons par la pastorale.

Je choisirais le mot « grâce ».

Pour la théologie ?

Le renouveau et l'approfondissement. Je trouve parfois un peu superficielles les nouvelles théologies.

Pour la politique ?

Les droits de l'homme.

Pour la direction de l'Église ?

La synodalité. Et la consultation ! Nous devons demander davantage aux gens. Revendiquer quelque chose est un signe d'amour. En tant que disciples du Christ, nous devons être exigeants.

Allons-nous en revenir concrètement à la question du rôle de la femme au sein de l'Église ? N'avez-vous pas déjà dit que l'on devait discuter de tout ?

C'est l'une des questions les plus importantes. Nous, les hommes, ne pouvons pas dire simplement aux femmes : « À vous de faire le ménage, de disposer les chaises ; vous pouvez même être chargées de faire les lectures, mais c'est tout ! » Si j'étais une femme, je ne l'accepterais pas. Mais il me semble que la première question ne doit pas consister à se demander si les femmes peuvent être ou non ordonnées, mais d'abord si elles peuvent pleinement assumer leur rôle sur le plan du sacerdoce de tous les baptisés et confirmés du peuple de

Dieu, et si elles sont en droit d'exercer l'autorité qui y est liée.

Vous voulez dire aussi : si elles sont autorisées à prêcher et à interpréter la Parole divine durant la messe ?

Je pourrais fort bien m'imaginer cela. À Luxembourg, nous avons chaque année l'Octave mariale, un pèlerinage d'en fait deux semaines en hommage à la Vierge Marie, Consolatrice des affligés. On peut assister chaque après-midi à des vêpres mariales avec sermon et bénédiction eucharistique. Prêcher à l'occasion de l'Octave a toujours été ressenti comme un honneur par les prêtres. Lors du dernier pèlerinage, j'ai nommé une femme pour assumer cette tâche, et ce faisant, je respectais parfaitement le droit canon. Aux messes, c'était le prêtre célébrant qui était chargé du sermon. Mais lors des vêpres, c'était elle la prédicatrice. Cette femme avait vraiment quelque chose à dire. Personnellement, quand je l'écoutais, ma foi s'affermissait. Une prise de conscience nouvelle peut naître de telles expériences.

Pouvez-vous expliquer pourquoi précisément la question du rôle des femmes est maintenant source de division, au sein de l'Église catholique, mais dans d'autres religions également ?

J'ai un bon ami qui est grec et marié à une Thaïlandaise. Il a beaucoup écrit sur le bouddhisme en Thaïlande et sur la question de l'ordination des femmes dans le bouddhisme. Le chef de l'Église bouddhiste thaïlandaise s'y oppose totalement. Alors, quelques femmes vont se faire ordonner en Chine, mais leur ordination n'est pas reconnue en Thaïlande. À bien considérer les arguments du chef bouddhiste, je me rends compte qu'ils ne relèvent que de la tradition et qu'ils sont très similaires à ceux qu'avance l'Église catholique. D'où le soupçon qu'il s'agit, là aussi, du même genre d'arguments purement traditionnels. Il n'est pas question pour moi de juger, mais de se fier à l'Esprit Saint et à ce qu'il mettra en œuvre dans l'avenir. Nous ferions déjà un pas en avant si le rôle des femmes en tant que laïques était enfin pleinement reconnu et accepté.

Quelle est votre position face à la situation des divorcés remariés qui souhaitent recevoir la communion ?

À plusieurs reprises, le pape a déclaré que nous avons le devoir de songer aux enfants qui ont besoin de retrouver un vrai foyer. « Dieu vous attend ! », ai-je dit, quant à moi, à des divorcés souffrant de ne plus pouvoir communier. Ils étaient émus aux larmes, et j'ai fait personnellement ainsi une très belle expérience. Je ne fais qu'administrer les sacrements. Je n'en suis pas le maître. Au regard de l'incommensurable miséricorde du Christ, est-ce que j'ai le droit, moi, d'exclure quelqu'un ? Je peux comprendre comment est née cette théologie de l'exclusion, mais elle n'est plus de mise aujourd'hui ! Pouvons-nous vraiment continuer à proclamer la vérité de l'Eucharistie si nous l'interdisons aux divorcés ? Cela ne veut toutefois pas dire non plus : « Faites comme bon vous semble, de toute façon vous pourrez toujours communier. »

Comment se passe la communion quand des partenaires n'ont pas la même religion ?

Lorsque j'étais à Tokyo, je distribuais la communion à tous ceux qui, à la messe, demandaient à la recevoir. Je ne refusais personne. Je suppose que quand un protestant vient communier, il sait ce que cela signifie pour les catholiques ; du moins autant que les catholiques eux-mêmes qui viennent à l'office. Mais je ne pourrais pas concélébrer la messe avec un pasteur protestant. Je ne pourrais pas y adhérer intérieurement. À Tokyo, je me suis beaucoup familiarisé avec le protestantisme, et j'ai aussi appris à l'apprécier. Nous avons fait bien des choses en commun. Une fois par an, par exemple, nous procédions à un échange de chaire. Au temple, j'ai assisté une fois en témoin à la cène, et j'ai été effaré de voir que l'on jetait le reste du vin non consommé et que les morceaux du pain eucharistique qui n'avaient pas été distribués finissaient à la poubelle. Cela m'a profondément ébranlé ; pour moi qui suis catholique, c'est chose impossible, car je crois en la présence réelle permanente du Christ.

Certains penseurs conservateurs prétendent que c'est parce que le catholicisme renferme un grand et indéfinissable mystère qu'il doit comporter une certaine dimension d'étrangeté.

Assurément. On vise par là le mystère de la divinité à la différence de l'être humain, le mystère consistant en ce que Dieu s'adresse aux hommes par la personne de Jésus-Christ. Mais ce ne sont pas certains rites ou certaines habitudes humaines qui, comme tels, constituent le mystère en question. Le mystère, c'est Jésus-Christ lui-même et son amour bienveillant pour les hommes qui se manifeste dans les sacrements. Que je proclame cela en latin ou en japonais ne fait pas partie intégrante du mystère.

Quelle valeur accordez-vous à la messe en latin ?

J'aime bien la messe en latin. Je trouve le texte très beau, particulièrement le canon romain. Lorsque je célèbre la messe dans ma chapelle, je choisis parfois une prière eucharistique en latin. Je ne le ferais pas dans une paroisse, car, sachant que les fidèles ne comprennent pas le latin, le texte leur serait inutile. À Anvers, on m'a néanmoins demandé de célébrer une messe en latin. Je vais le faire, mais dans le rite actuel. Dans le rite ancien, il me faudrait revêtir la grande cape rouge réservée aux cardinaux, je trébucherais sans doute parce que je ne suis pas habitué à déambuler avec une traîne et je mourrais de honte. J'aurais l'impression de trahir le Christ. Comment réagirait-il ? « C'est enveloppé de pourpre que tu entends pouvoir être mon disciple ? J'ai dit : "Que celui qui m'aime prenne sa croix et me suive !" Et non : "Prends ta *cappa magna* !" » Certains peuvent peut-être le faire, d'une manière qui fait sens, mais moi, je ne le peux pas.

Les chrétiens regardent souvent en arrière parce que la révélation des Évangiles leur apparaît comme un événement du passé et que le conservatisme leur semble de ce fait approprié.

Dans notre langue et dans notre façon de concevoir les choses, le passé est derrière nous et l'avenir devant nous. Or, dans l'Égypte ancienne, c'était le contraire : le passé était devant parce qu'on le connaissait et qu'on le voyait, et l'avenir, que l'on ne pouvait voir puisqu'on ne le connaissait pas, était derrière. L'Église catholique me semble avoir encore tendance à raisonner comme les Égyptiens, mais cela ne fonctionne plus. Dieu nous ouvre l'avenir. La révélation est un souvenir dans le « maintenant », pour aller vers le « demain ». Nous lisons les récits du passé non pas pour y rester, mais uniquement pour avancer vers l'avenir. Le pape évoque toujours le « maintenant ». Les rêves ne sont pas le monde réel. Dieu n'agit toujours que dans la réalité. Je dois vivre dans la réalité de mon époque si je veux connaître la volonté de Dieu.

Il y a cependant toujours dans le passé catholique des moments qui déclenchent une nostalgie très intense, par exemple la vie des premiers chrétiens, ou le catholicisme du Moyen Âge ou encore celui du XIXe siècle.

Cela ne relève pas de l'histoire, mais de l'utopie. Quand on parle de la grande tradition de l'Église, on enjolive trop souvent une époque précise qui n'a jamais existé telle qu'on la décrit. Certains prétendent que la messe était beaucoup plus belle autrefois. Mais de quelle messe parlent-ils ? La plupart du temps, ils imaginent un passé qu'ils érigent en tradition et qu'ils idéalisent, et c'est cela précisément qui a conduit la civilisation égyptienne à la chute. Elle n'avait plus la force de se réformer.

Les conservateurs avancent que la libéralisation est la source de tous les maux actuels.

Toute transformation n'est certes pas forcément une réussite. Mais il faut vivre dans et avec son temps, et pratiquer le discernement des esprits, car il y a beaucoup de bonnes choses. Les accueillir tout en restant critique : cela doit être la voie de l'Église.

L'Église trouvera-t-elle ainsi le chemin de l'avenir ?

Les chemins de l'Évangile sont nombreux. Commencer par discuter sur les stratégies serait une erreur. Selon moi, l'Église, c'est le peuple de Dieu qui est en route. Quand je faisais mon noviciat, je me suis trouvé un jour dans un petit village français entouré d'ermitages. Pour me rendre dans l'un d'eux, j'ai emprunté de nuit un sentier, mais la lune était voilée et ma lampe de poche ne marchait plus. J'avais peur. Et puis je me suis rendu compte que je ne distinguais plus le chemin lui-même, mais seulement des traces de pas devant moi. Je les ai suivies et je suis bien arrivé. Peut-être est-ce ainsi que l'Église doit avancer vers l'avenir. Nous ne connaissons pas en sa totalité le chemin qu'elle doit parcourir. Le berger lui non plus ne sait pas toujours où sa route le mène. Il doit aller de l'avant avec ses brebis et veiller à ce qu'elles ne s'égarent pas. Parfois, ce sont elles qui trouvent le chemin, et le berger les suit, pas à pas. C'est grâce à la confiance en Dieu que l'on peut réussir à entrer dans une ère nouvelle.

Épilogue[1]

L'urgence de la réforme de l'Église

Beaucoup de livres parus il y a quelques décennies avaient pour thème l'avenir du christianisme. Souvent critiques, ils parlaient de sa possible extinction. Le christianisme en général et le catholicisme en particulier peuvent-ils mourir ? Est-ce qu'on n'assiste pas à la mort du christianisme à petit feu, tout au moins en Occident ?

Il y a eu des Églises très grandes, très vivantes en Afrique du Nord – je pense en particulier à la période pendant laquelle saint Augustin était évêque –, qui ont pratiquement disparu. Mais l'Église ne va pas disparaître. J'en suis convaincu. Parce qu'il y a un message tellement fort, un message qui s'adresse au plus intérieur du cœur de l'homme, que le christianisme ne peut pas s'éteindre. Il y a une crise dans l'Église en Europe, c'est évident, parce que nous sommes dans une

1. Cette partie est propre à la version française de ce livre. L'entretien avec le cardinal Hollerich a été mené en français par Antoine Bellier, éditeur chez Salvator.

période de changement culturel immense, un changement de civilisation. Nous sommes à l'an zéro de l'ère de la digitalisation et je pense qu'on peut comparer la digitalisation avec l'invention de la roue. Cela va avoir des conséquences sur notre manière de penser, d'agir qui seront énormes. L'Église est une vieille dame avec de vieux habits, très beaux, mais qui risque d'apparaître démodée. Une institution comme l'Église catholique ne va pas changer d'un jour à l'autre, mais je pense qu'elle est tout de même sur cette voie. Le grand changement a été Vatican II et les possibilités ouvertes par ce concile. Nous sommes seulement au début de ce chemin. Nous ne pensons plus comme avant, nous ne ressentons plus les choses comme avant, nous avons d'autres idées, un autre vécu. Nous devons vivre notre foi dans notre époque.

Est-ce qu'il s'agit pour l'Église de s'adapter au monde présent ?

Non. Il s'agit d'une inculturation. Une inculturation n'est pas une adaptation. L'enjeu est de vivre l'Évangile, je dois vivre la relation avec Dieu, mais dans mon temps, dans mon expérience personnelle marquée par la culture actuelle. C'est cela le premier pas de l'inculturation. Parfois, nous avons une manière de présenter la foi ou la prière que les gens ne comprennent plus. Un jour, quand j'étais au Japon, quelqu'un – un Japonais qui n'était pas chrétien – m'a dit : « Quand je vais dans une église, je ne comprends pas un seul mot. » En effet, les Japonais, en dehors du sérail de l'Église, ne comprennent pas les néologismes qu'on utilise pour traduire les missels. Cette remarque m'a fait réfléchir.

Notre langage chrétien peut parfois devenir hermétique. Le défi, c'est de dire la foi de toujours avec des mots nouveaux ?

Il faut exprimer ma foi dans mes paroles, dans ma culture. L'inculturation, c'est d'abord un vécu. Une inculturation programmée serait vouée à l'échec.

La réforme de l'Église ne doit pas se limiter à des changements simplement structurels, aussi nécessaires soient-ils ?

Ah non, il faut vivre l'Évangile, il faut être en relation avec le Christ qui m'introduit à la relation avec le Dieu trinitaire. Je dois être pris dans cette relation avec le Dieu trinitaire. Je ne suis pas seul dans cette relation, je le suis avec toutes mes relations humaines.

C'est ainsi qu'on peut comprendre cet adage traditionnel : « ecclesia semper reformanda » *?*

Oui. Je pense qu'il faut toujours réformer l'Église, mais ce n'est pas la foi qui change, le Christ ne change pas, mais ma compréhension du Christ.

Peut-être puis-je apercevoir dans son message, dans sa personne, des éléments que la génération n'avait pas ou mal perçus. Je suis de mon temps. Les traditionalistes sont vraiment le symptôme d'une culture individualiste et postmoderne qui n'a rien à voir avec la tradition de toujours dans l'Église.

Il semble qu'il y ait deux tentations majeures aujourd'hui. Soit ne considérer l'Église qu'à travers l'institution, qu'à travers son corps institutionnel ; soit la tentation récurrente dans l'histoire, celle d'un Christ sans Église. Comment trouver une voie d'équilibre pour répondre à cette nécessité de réforme à laquelle l'Église est appelée ?

Je pense que nous sommes en train de sortir d'une piété personnelle et individualiste. Beaucoup de gens ont une foi profonde que j'admire, mais quand ils reçoivent la communion eucharistique par exemple, ils ne se rendent pas compte que le peuple de ceux qui communient est constitué en tant que corps du Christ. Ce n'est pas « mon Jésus » que je reçois. Il y a un usage liturgique nouveau que j'ai remarqué en France, celui de rester debout quand on replace le Saint-Sacrement dans le tabernacle après la communion. C'est beau, mais en même temps cela ne correspond pas à la tradition de l'Église. En effet, après la communion, le corps du Christ est en moi, il est dans l'assemblée ecclésiale. Jésus est réellement en moi après la communion. Dans mon enfance – c'était encore la messe tridentine à l'époque –, on se mettait à genoux, les mains devant le visage pour rendre grâce et prendre conscience qu'on avait reçu le corps du Christ.

J'aimerais revenir sur votre expérience de jésuite missionnaire. En quoi cette expérience vous aide-t-elle à mieux comprendre où se situe l'enjeu de la réforme ecclésiale, de conversion ecclésiale ?

C'était pour moi vraiment une conversion parce que je suis parti avec une idée assez superficielle du christianisme, que j'allais maintenant en propager la bonne nouvelle, que les gens seraient contents, m'applaudiraient, etc. J'ai vu que ce n'était pas le cas et que moi je n'étais rien. Les gens, en me voyant, auraient peut-être eu pitié de quelqu'un qui ne savait pas parler le japonais, mais ne seraient pas tombés à genoux pour adorer Dieu. Je me suis demandé où Dieu était, et j'ai fait entrer cette question dans ma prière : « Dieu, tu es déjà présent au Japon. Montre-moi où tu es présent. » Je pose encore toujours cette question à Dieu aujourd'hui : « Montre-moi ta présence dans cette Europe sécularisée », parce que Dieu est partout. Dieu est aussi présent dans cette Europe-là, il faut que je le trouve, il faut que je le découvre.

Mais parfois c'est quand même très opaque…

Oui, c'est très opaque et parfois ça fait mal mais je pense que c'est un chemin nécessaire, c'est un chemin de purification de sa propre foi. C'est cela la conversion. Dans ma manière de vivre la religion, il y a beaucoup de choses qui peuvent être une adoration de moi-même : se mettre soi-même en évidence et pas le Christ. La conversion, c'est se rendre compte de cela et demander pardon à Dieu, lui demander la force de cheminer autrement. Je pense qu'en cela, comme le dit le Concile, « le saint peuple de Dieu » est d'une importance capitale. Je suis prêtre pas seulement pour le peuple, mais je suis prêtre dans ce peuple comme baptisé. Je me souviens d'une des prédications du cardinal Meisner, l'ancien archevêque de Cologne, où il avait dit : « Quand je serai mort, ne me mettez pas de mitres ni de crosses, mettez-moi mon certificat de baptême dans mon cercueil. »

Il faudrait réhabiliter dans l'Église, dans cette réflexion sur la réforme, ce qu'on appelle le sensus fidelium *?*

Oui, le peuple de Dieu est vivant. Il s'exprime à travers différents charismes et différentes institutions, je pense à l'acolytat, au lectorat et aux catéchistes, des ministères beaucoup plus développés en Afrique ou en Amérique latine qu'en Europe. Ils sont confiés aux gens qui reçoivent une mission d'Église. Il y a un ministère laïc et il y a un ministère ordonné. Ce ministère laïc et ce ministère ordonné doivent se féconder l'un l'autre.

Ils sont tous les deux associés à l'unique sacerdoce commun des fidèles.

Et au sacerdoce du Christ.

J'aimerais rappeler un propos du pape Paul VI dans Ecclesiam suam, *au numéro 67: « L'Église se fait parole, l'Église se fait message, l'Église se fait conversation. » J'imagine que ça doit résonner fortement à vos oreilles dans le cadre et dans la perspective de ce synode sur la synodalité. Comment concrètement l'Église peut-elle se convertir au dialogue?*

Le dialogue peut faire mal, il exige une conversion. Le dialogue est l'image de la Sainte Trinité. L'homme et la femme ont été créés à l'image de Dieu, c'est-à-dire capables d'entrer en dialogue. Cette altérité est importante. Saint Ignace, dans ses constitutions, encourage les jésuites à des conversations qui profitent à la croissance du corps de l'Église. Le dialogue demandé pour le synode est justement d'une telle qualité. Quand on entre en dialogue, on doit tout d'abord laisser de côté les préjugés, il faut prendre l'autre au sérieux, il faut écouter, vraiment écouter. Cette écoute est l'élément nécessaire pour pouvoir entrer en dialogue et pouvoir parler. Je pense qu'il est merveilleux que, par le synode, le peuple donne l'occasion à l'Église de vivre un tel dialogue. Il devrait partir des groupes en paroisse, des mouvements, des associations ou même des gens qui fréquentent peu les églises. J'ai demandé dans mon diocèse qu'on interroge par exemple les prisonniers, qu'on interroge aussi des associations LGBTQ. Ça ne veut pas dire que je sois ouvert à toutes les théories *gender*, mais je dois être avec eux aussi en dialogue, écouter.

Être en dialogue, écouter, ça ne veut pas dire tomber dans le relativisme, perdre son identité.

Non, pas du tout.

Il y a tout de même un certain nombre de chrétiens qui craignent le dialogue. Il faut, selon eux, plutôt affirmer son identité en raison des menaces qui pèseraient sur nous, entre autres la menace de l'islam.

Un chrétien qui est habité par les menaces manque du don de l'espérance donné par le Christ ressuscité. C'est très important. Un chrétien qui vit seulement son christianisme sous la cible des menaces risque d'être plus un chrétien culturel qu'un chrétien qui vit de la foi. Je sais qu'il y a des problèmes dans certaines banlieues françaises, qu'il y a un islam qui est devenu un islamisme. Mais on ne veut pas qu'un christianisme ultraconservateur réponde à un islam ultraconservateur qui s'imposerait. Au contraire, il faut soutenir l'islam avec lequel nous pouvons être en dialogue. Juste avant la période de la covid, j'ai été invité à prêcher dans une mosquée à Luxembourg pour parler du jeûne tel que le conçoivent les chrétiens. Autre exemple. Nous avons une troupe musulmane chez les scouts de Luxembourg. Ils m'avaient invité à un grand camp. Eh bien, les premiers à courir vers moi quand je suis arrivé, c'étaient les musulmans. Ils ne sont pas chrétiens, mais ils ont vu en moi un homme de Dieu. Je perçois aussi les musulmans comme hommes de Dieu, tout en restant chrétien.

Vous êtes le rapporteur général du Synode sur la synodalité. Comment éviter que ce processus synodal soit compris comme quelque chose de simplement interne à l'Église, comme quelque chose d'autoréférencé ? L'Église en chemin synodal ne court-elle pas le risque d'être une Église qui risque de se regarder uniquement elle-même ?

Non. Parce que dans le titre du synode, il y a le mot « mission ». Outre le titre : « Synode sur la synodalité », il y a un sous-titre : « Communion, participation, mission ». « Communion » renvoie tout d'abord pour moi à la Sainte Trinité ; « participation » aussi. Il s'agit de notre participation à la vie divine, aux décisions de l'Église. Cela doit déboucher sur la mission de l'Église dans le monde. L'Église est là pour servir le monde.

On confond parfois la synodalité avec une certaine horizontalité. Une certaine forme d'horizontalité est-elle utile pour éviter des formes hiérarchiques trop imposantes ?

Il faut affirmer qu'il y a une hiérarchie qui fait partie de l'enseignement de l'Église. En fait, la représentation de cette hiérarchie est culturelle.

Je peux représenter cette hiérarchie par exemple par un triangle, une pyramide. C'est ce que j'ai appris dans mon enfance. En haut, il y a le pape, puis viennent les évêques et, tout en bas, il y a les fidèles. Aujourd'hui, je voudrais représenter cette hiérarchie à l'aide du logo du synode : le saint peuple de Dieu est en marche et, au milieu, on voit le pasteur, l'évêque. Ce n'est plus un modèle pyramidal, mais l'Église n'en est pas moins hiérarchique.

C'est peut-être le sens de la hiérarchie qu'on ne comprend pas forcément. On dit souvent qu'il faut repenser une hiérarchie à partir du service. Ça voudrait dire que la hiérarchie promue par l'Évangile, c'est le Christ qui lave les pieds de ses disciples ?

Oui. Littéralement, « hiérarchie » vient du grec *hieros*, sacré et de *arché*, pouvoir, gouvernement, mais ça renvoie aussi au principe, en écho au prologue de l'Évangile de Jean. La hiérarchie c'est ce qui rattache toujours au Christ, au ministère de la Sainte Trinité.

C'est quasiment une pyramide inversée ?

Oui. J'ai appris le catéchisme par cœur quand j'étais petit. Il y avait entre autres cette question : qui est le chef de l'Église ? Si on n'était pas préparé, on disait le pape ! En réalité, c'est le Christ qui est le chef de l'Église. C'est la réponse correcte. Et elle encore valable aujourd'hui !

Il faut donc revenir à l'Évangile, et en particulier à la centralité du Christ. Comment Jésus a-t-il vécu cette exigence de conversion missionnaire dans sa vie, dans son rapport aux autres, en rapport à sa famille, à ses disciples, à son Père ?

Il a parlé avec les gens. Il a parlé de telle manière que les gens le comprenaient. Il a emprunté des images, des paraboles de la vie quotidienne des gens. Il parlait avec autorité, il ne parlait pas comme un docteur de la loi ou un professeur de théologie mais il parlait de Dieu parce qu'il avait cette expérience profonde du Fils avec Dieu son Père. C'est de là que venait son autorité. Il vivait la même chose que ce qu'il prêchait. Pour nous, l'exemple du Christ est un appel à la conversion : comment vivons-nous l'Évangile que nous enseignons ?

Finalement, le lieu de vérification, l'exigence à laquelle nous sommes appelés, c'est l'exigence de l'amour. Il faut peut-être revenir à cette parole de Tertullien aux premiers siècles de l'Église, à cette exclamation de païens parlant de chrétiens, qu'il a rapportée : « Voyez comme ils s'aiment ! »

Oui, tout à fait. Je pense que ces païens des premiers siècles auraient beaucoup de mal aujourd'hui à arriver à la conclusion que Tertullien rapporte, s'ils pouvaient lire les commentaires Facebook que les chrétiens de gauche adressent aux chrétiens de droite et réciproquement. Nous sommes réellement appelés à une vraie conversion ecclésiale.

La suite de la citation de Tertullien est la suivante : « Voyez comme ils sont prêts à mourir les uns pour les autres ! » À votre avis, n'est-ce pas un indice pour aller un peu plus loin dans cette exigence de conversion ?

Il ne s'agit pas d'amour-sentiment. Ce ne sont pas les émotions qui comptent. Les vrais sentiments, un vrai amour, demandent toujours un sacrifice. On ne peut pas, en tant qu'homme, aimer une femme et une femme ne peut pas aimer un homme sans sacrifices. Si chacun tient ses positions, ce ne sera jamais un couple. Et puis, quand il y a des enfants qui naissent, il faut à nouveau faire des sacrifices, peut-être que des rêves partent, mais d'autres naissent aussi. Il faut acquérir des vertus et un esprit de sacrifice. Il faut que parfois ça puisse faire mal pour qu'on puisse grandir.

Ça veut dire que dans l'amour vrai, le mystère de la Croix n'est jamais loin ?

Voilà. Je pense que la Croix est toujours là. Quand on prie le chemin de croix, on nous a fait parfois embrasser une relique de la sainte Croix. Ça devient un geste païen si je n'embrasse pas la Croix du Christ dans la vie quotidienne.

Embrasser la Croix du Christ dans sa vie quotidienne, qu'est-ce que cela signifie ?

C'est savoir qu'il y a une espérance beaucoup plus grande que le mal. Accepter la Croix n'a jamais rien d'un masochisme en christianisme. C'est toujours lié à l'espérance et à la vie.

Ça ne veut pas dire ne pas lutter contre les injustices ?

Il faut lutter contre elles, au contraire.

C'est vrai qu'il y a une certaine conception de la Croix en christianisme qui a sûrement été mal comprise, comme étant quelque chose qu'il fallait accepter en serrant les dents, sans rien dire.

Quand j'étais au Mexique pour l'Assemblée ecclésiale en Amérique latine, lors d'une prière du matin, on a apporté des photos de gens qui sont morts durant les deux décennies passées pour le Christ et pour défendre leur peuple, les droits de l'homme, les droits des Indiens. C'est une foule bien nombreuse et je m'incline devant eux.

Le pape Benoît XVI avait dit : « Il faut adopter le style de Dieu. » J'aimerais bien que vous reveniez sur cette expression, parce que j'ai l'impression qu'elle nous dit quelque chose de l'appel à la conversion.

Le style de Dieu, c'est le style de la kénose. Dieu, qui est tout, se fait homme, homme mortel. Il meurt comme esclave, par une des morts les plus douloureuses, celle du supplice de la croix. Cela, c'est une dynamique d'amour. Cela renvoie à une autre expression du pape François : « Il faut que les bergers aient l'odeur de leurs brebis. » Le Christ a transpiré, Dieu en Jésus-Christ a pris sur lui toute cette humanité, y compris dans ces détails que nous connaissons tous et qui ne sont pas les plus beaux. Dieu a embrassé tout cela par amour, pour ces hommes. Alors, si moi j'embrasse Dieu, il faut aussi embrasser cette humanité.

J'ai l'impression qu'il y a quand même un but dans tout cela. Le Christ a embrassé cette humanité pour élever l'humanité à la hauteur de Dieu.

Voilà. C'est la *theosis* (la divinisation) dont parlaient les premiers Pères de l'Église. C'est quelque chose que j'aime beaucoup. C'est en raison de ce projet de divinisation que nous pouvons embrasser la Croix.

Ce n'est pas par masochisme ni par dolorisme.

Non, pas du tout. Mais c'est la Croix qui nous élève. Sur les icônes de la résurrection, le Christ est représenté avec les pieds fermement ancrés sur la Croix. C'est ainsi que nous pouvons monter vers Dieu.

On peut espérer des fruits féconds de la réforme de l'Église qui est menée actuellement ?

Je pense que oui. Pour le synode, le plus important, c'est qu'il se fasse, et ça, c'est déjà un succès. Il ne faut pas attendre que toutes les transformations permises par la synodalité viennent d'un coup. Ce serait un peu naïf de penser cela.

D'où l'expression « chemin synodal » ?

Oui, *synodos* signifie le chemin commun, cheminer ensemble. On commence dès maintenant. C'est ce à quoi le pape nous a invités et, comme tout chrétien, je suis obéissant au Saint-Père, donc je me mets en route.

Les fruits de ce synode seront-ils pour l'Église ou pour le monde ?

Pour les deux (*il rit*). L'Église est là pour le monde. L'Église n'est pas un but en soi.

L'Église – c'est ce que nous rappelle le concile Vatican II, mais il nous faut le réentendre –, n'est-elle pas par nature missionnaire ? Elle n'existe pas pour elle-même…

Non. Une des premières définitions que l'Église s'est donnée par le passé c'est celle de *societas perfecta*. Après les abus sexuels, je pense que c'est une image que nous n'utiliserons plus tellement.

J'aimerais vous entendre un instant sur le rapport de l'Église au monde. J'ai l'impression que ce qui caractérise nos sociétés modernes, c'est la tristesse, une forme de désespérance. Comment l'Église peut-elle apporter la joie de la foi malgré les crises qui la traversent elle-même ? Comment être messager d'espérance dans ce monde largement déprimé ?

Il faut être uni au Christ pour cela. Un évêque est parfois un peu déprimé, un peu triste en raison des nouvelles parfois lourdes qu'il reçoit, des dossiers compliqués qu'il doit gérer. J'ai la grâce d'être toujours dans la joie quand je célèbre la messe, et ce depuis le début de mon sacerdoce. Je pense que c'est une grâce qui ne m'est pas donnée pour moi-même, mais pour les autres, pour que je puisse communiquer cette joie du Christ, cette joie de l'Évangile. Le premier écrit important de notre pape était *Evangelii gaudium*. Ce titre est tout un programme. Il y a une joie de l'Évangile. Si nous ne vivons pas cette joie, si je suis un chrétien qui présente un visage grincheux, je ne ferai pas passer le message du christianisme.

Il y a d'ailleurs cette exhortation, dans une lettre de Paul: « Soyez toujours dans la joie. » Une exhortation reliée à cette autre exclamation: « Le Seigneur est proche » (cf. Ph 4, 5).

« Le Seigneur est proche. » Je ne l'interprète pas comme la fin du monde qui serait imminente, mais au sens de la proximité du Seigneur. Il m'est proche dans la prière, il m'est proche dans mes conversations, il m'est proche dans mes rencontres, il m'est proche dans les sacrements. Un chrétien est appelé à vivre dans la proximité du Christ.

Donc il y a un lien intime entre la foi, la mission et la joie. Est-ce que ce ne serait pas cela, la réforme intérieure de l'Église qui pourrait rejaillir à l'extérieur?

Cette joie de la foi qui grandit au fur et à mesure qu'elle se partage ?

Je pense que pour beaucoup de non-chrétiens le christianisme est vu comme une crispation. L'Église, ce serait, c'est la faction anti-plaisir. Sans être contre le plaisir, on doit montrer que ce n'est pas celui-ci qui compte mais la vraie joie. Comme chrétiens nous sommes toujours pour la vie, que ce soit celle de l'enfant à naître, du réfugié ou bien des gens qui vivent la guerre et dans la précarité. Un chrétien est toujours pour la vie, la vie pleine parce que la vie est un don de Dieu et Dieu veut que notre vie soit remplie de joie parce que c'est ainsi qu'on accède au mystère de la Sainte Trinité.

Pour cela, il faut faire preuve de discernement… Il y a une expression que vous aimez beaucoup, je crois, de saint Ignace : « Trouver Dieu en toutes choses. » Comment vous appropriez-vous cette phrase dans votre vie ? Comment, au-delà de vous-même, cette phrase peut-elle être une boussole pour les chrétiens dans les défis d'aujourd'hui ?

Tout d'abord, je pense que je dois être proche du Christ et, pour cela, il y a les sacrements, il y a la prière, il y a l'Évangile. Chaque matin, je prie l'évangile du jour. C'est ainsi que je deviens familier avec le Christ. Sans cette familiarité avec le Christ, la mission devient propagande et ça n'intéresse personne, parce qu'il y a des propagandes partout. C'est cette familiarité du Christ qui doit parler à travers mon visage, ma voix, mes gestes, mes actions. Si j'ai cette familiarité avec le Christ, je le vois, je le reconnais dans ma vie et celle des autres. Il y a une petite prière de saint Ignace qu'on appelle « le compte de conscience » que mon ancien père spirituel appelait une prière de conscience. Il s'agit d'être conscient de la présence de Dieu dans ma journée. Saint Ignace n'a jamais dispensé les jésuites de cette prière-là. C'est le moment où j'essaye de voir où Dieu a été présent dans ma journée, quand je ne l'ai pas reconnu ou quand je l'ai reconnu. Cela m'aide à aiguiser mes sens, à aiguiser ma conscience pour rencontrer Dieu dans le quotidien. Dieu est là, le Christ est là, il veut être découvert, mais parfois nous avons la tête tellement pleine d'images pieuses que nous ne rencontrons pas le Christ.

Vous parlez de l'Écriture que vous méditez chaque matin. Est-ce qu'il y a en particulier un passage de l'Évangile que vous méditez souvent et qui pourrait être un guide sur ce chemin de la conversion personnelle et collective à laquelle on est appelé ?

Pour la conversion synodale il y a un texte que l'équipe du synode a choisi, c'est le songe de Pierre où il change sa manière de voir (cf. Ac 10). Si nous sommes unis au Christ, alors dans nos songes aussi le Christ va nous parler. Pierre change, Pierre se convertit. Pierre n'est pas le chef qui dit : « moi, j'ai dit ça, donc c'est ça pour toute éternité ». Pierre, aussi bien dans les Actes des Apôtres que dans les

Évangiles, est le disciple auquel je suis appelé à m'identifier. C'est ce Pierre qui a renié le Christ, qui a dit trois fois au Christ : « Tu sais que je t'aime. » Ce Pierre est capable de changer.

Il faut rappeler que ce passage auquel vous faites référence touche cette question fondamentale des premiers siècles de l'Église, à savoir l'ouverture aux païens.

Oui, et ça touche à la question de la capacité de l'Église à s'ouvrir à la mission et à cesser de se considérer comme le club des « bons ». C'est pourquoi le texte est très bien choisi. J'ai une autre phrase de l'Évangile que j'aime méditer. Elle est prononcée par le Christ : « Venez à moi, vous tous qui peinez sous le fardeau » (Mt 11, 28). Il y a aujourd'hui beaucoup de gens qui plient sous des fardeaux, ceux de leurs propres fautes, de la misère, et qui ne reçoivent pas d'amour. Le Christ est là qui leur dit : « Venez à moi. »

Une affirmation se prolonge par ces termes sous forme de promesse : « Et vous trouverez le repos. »

Oui. Le repos c'est quelque chose de dynamique. Ce repos c'est notre attente active de la résurrection…

Éléments biographiques

9 août 1958	Né à Differdange, Jean-Claude Hollerich passe son enfance à Vianden (Grand Duché du Luxembourg).
1978-1981	Commence ses études de théologie à l'Université pontificale grégorienne de Rome et sa formation de prêtre au Pontificium Collegium Germanicum et Hungaricum où il habite.
27 septembre 1981	Entre dans l'ordre des Jésuites.
1981-1983	Noviciat à Wépion (commune de Namur, Belgique, province jésuite du sud de la Belgique et du Luxembourg).
1983-1985	Stage pastoral auprès de la Jeunesse étudiante chrétienne à Luxembourg et des

	Communautés de vie chrétienne. Également enseignant à l'école privée Fieldgen et au lycée Vauban (lycée français de Luxembourg).
1985-1987	S'initie à la langue et à la culture japonaises à Tokyo.
1987-1989	Études de théologie à l'université Sophia de Tokyo.
1989-1990	Achève ses études théologiques à la faculté de philosophie et de théologie Sankt-Georgen de Francfort (Allemagne).
21 avril 1990	Ordonné prêtre à Bruxelles (Belgique).
1990-1994	Études de la langue et de la littérature allemandes à l'université de Munich (Allemagne). Mémoire de maîtrise : *Le Credo constantinopolitain : une analyse de texte.*

À partir de 1994	Enseigne l'allemand et les études européennes à l'université Sophia de Tokyo.
1997-2011	Membre du conseil de l'archidiocèse de Tokyo pour les œuvres missionnaires et pastorales.
1999	Nommé professeur associé, puis en 2006 professeur titulaire à l'université Sophia de Tokyo.
2001	Senior Research Fellow au Centre d'études sur l'intégration européenne à Bonn (Allemagne).
18 octobre 2002	Profession religieuse jésuite définitive en l'église Saint-Ignace de Tokyo. Membre de la province jésuite du Japon.
2003-2006	Directeur du centre catholique de l'université Sophia de Tokyo.
2008-2011	Recteur de la communauté jésuite de l'université Sophia qui comprend soixante-cinq jésuites de différents pays,

	ainsi que des membres du Conseil d'administration de l'université.
2008-2011	Vice-recteur de l'université Sophia, chargé des relations internationales estudiantines et des liaisons avec l'étranger.
Depuis le 16 octobre 2011	Archevêque de Luxembourg.
2014-2018	Président de la Conférence des commissions européennes Justice et Paix.
Depuis 2018	Président de la Commission des épiscopats de la communauté européenne.
2019	Créé cardinal par le pape François.
2020	Membre du Conseil pontifical pour la culture et du Conseil pontifical pour le dialogue international.
2021	Aumônier de l'Association du cartel des associations étudiantes catholiques allemandes.

2021 Élu vice-président du Conseil des conférences épiscopales d'Europe (CCEE).

2021 Nommé membre de la Congrégation pour l'éducation catholique.

2021 Nommé par le pape François rapporteur général du seizième synode des évêques, intitulé « Pour une Église synodale : communion, participation et mission ».

Table

CET OUVRAGE A ÉTÉ COMPOSÉ
PAR ATLANT'COMMUNICATION
AU BERNARD (VENDÉE).

Achevé d'imprimer en septembre 2022
sur les presses de
La Manufacture - Imprimeur – 52200 Langres
Tél. : (33) 325 845 892

N° imprimeur : 220824 - Dépôt légal : septembre 2022
Imprimé en France